楽しみながら
がっちり儲かる

優待バリュー株投資入門

兼業投資家
みきまる

はじめに

「みきまるさんの投資法は、絶対に本にすべきです」

それまで何度か取材を受けて、色々とやり取りをしていた『日経マネー』副編集長の中野目純一さんから掛けられたこの一言がきっかけで、本書は誕生しました。ですが、二つ返事で執筆を承諾したわけではありません。最初は即座に断りました。その理由を少し説明しましょう。

私は、「優待バリュー（割安）株投資」と自ら命名した独自の投資法を編み出しました。それを改良しながら実践し、「世界最弱」とも評される日本株の市場を20年間生き抜いてきました。生き馬の目を抜く株式市場は、とてつもなく厳しい世界です。自らの手法を本という形で明らかにすれば、自分が持つエッジ（優位性）はあっという間に知れ渡り、陳腐化して実効性を失ってしまいます。事実、10年以上前にはとても有効だった、いわゆるデイトレードの手法の多くがそうでした。書籍やDVDなどの形で世に出ると、まねをする投資家が一挙に増え、瞬く間に効力が消滅しました。

そうした経緯を私は目の当たりにしてきたので、「とても光栄ではあるけれど、自分にとってはあまりにもデメリットが多過ぎる」と思い、最初は中野目さんの提案を断ったのです。ですが、結局は引き受けました。中野目さんの熱意に根負けしたこともありますが、説得を受ける中で、次のように考え直したのが最大の理由でした。

「自分も、株式投資に関するたくさんの過去の名著に学んだおかげでここまで成長し、生き残ってこられたんだ。感謝の念を込めて一度だけ、一回だけ、自分の投資法を紹介する本を出して、株式市場に恩返しをしよう」

「それに本としてアウトプットすることによって、これまでの投資家としての自分の20年を総括できる。自分の投資法の改善につながる大きなヒントが得られるかもしれない」

かくして書籍化を前提に、『日経マネー』の誌面で連載を始めました。その回数は予定の10回を優に通り越し16回に及びました。正直に打ち明けると、この連載は想像を超えて大変な作業でした。中野目さんはとてつもなく有能であると同時にとてつもなく厳しい編集者で、自分が「これで完璧！」と思った原稿に、容赦なくダメ出しが飛んできたからです。何回書き直してもOKが出ず、「チキショー。こんなに地獄を見ることになるなら、連載なんて引き受けるんじゃなかった。これ以上のものは出せない。精神的に死んでしまう！」と、パソコンの前で頭をかきむしることもよくありました（滝汗）。

ですが、連載の執筆を引き受けた時点で、「自分の投資家としてのノウハウを開示するのは、これが最初で最後だ。やる以上は全力を尽くす。昔から愛読し、憧れでもあった『日経マネー』の歴史に必ず爪痕を残す」と決意していたので、持てる力の全てを投入し、出し惜しみを一切せず、極限までやり抜きました。むしろ、ちょっと出し過ぎてしまったかもしれません（笑）。

私が全力を挙げて、かつ自由奔放に書きつづった入魂の原稿は、知的で冷静な編集作業によって洗練されて「昇華」しました。その結果、今回皆様にお届けすることになった本書は、私の実力が120％発揮された極上の内容になっていると自負しています。

さて、複数の銘柄や資産に投資する分散投資の有効性を示した「現代ポートフォリオ理論」では、およそ20銘柄に均等に分散投資をすると、運用成績はおおむね市場平均に近づくとされています。私が本書で提唱している「優待バリュー株インデックス投資法」は、PER（株価収益率）やPBR（株価純資産倍率）といった株価の指標で見て割安で、かつ配当利回りと優待利回り（株主優待の価値を金額に換算し、株価で割って算出した利回り）を足し合わせた「総合利回り」が高い株主優待付きの銘柄をバルク（一括）でパッケージとして買い、定期的に銘柄を入れ替えていくというものです。この投資法を使うと、「株主優待」の分は確実にTOPIX（東証株価指数）などのインデックスを上回る投資成績を上げることが期待できます。

投資信託や年金を運用するファンドマネジャーなどプロの多くが、運用成績でインデックスを上回ることができずに苦しんでいる中、これは実はすごいことです。そして、この投資法の実践は、資金量が限られた私たち個人投資家のみに許された特権です。なぜなら資金量が大き過ぎる機関投資家には、優待分でプラスアルファを出すなどということは到底許されないからです。

また本書では、「株の売り時」に関してかなりのページを割いて解説しています。理由は2つあります。一つは、自分が読んできた数百冊に及ぶ投資本の中に、株の売却タイミングを詳細に解説した本がほとんどなかったこと。もう一つは、株の売り時が投資成績に決定的な影響を与えることです。

「失われた30年」が続く日本では、「株式投資」と聞くだけで、「危険で、決して近づいてはならないもの」と条件反射的に拒否反応を示す方が依然として多いと思います。私が本書でノウハウを惜しみなく公開した優待バリュー株投資は「ローリスク・ミドルリターン」で安全性が高く、かつ抜群に楽しい投資法です。本書を読んで優待バリュー株投資の要諦を学んでいただければ、読者のあなたもワクワクしながら株式投資に取り組むことができます。そして大きな財産を築く可能性が広がります。

では早速、魅惑の「優待バリュー株投資」の世界へご案内しましょう。あなたにもきっとできます！

chapter1
基本編

chapter2

応用編

chapter1

基本編

優待バリュー株の3つの種類

王道

A株　**優待ディープバリュー株**
株価指標が極めて割安なバリュー株にたまたま株主優待が付いている

B株　**優待バランス株**
指標的に突出した割安感はないが、配当＋優待の総合利回りが高く、バランスがよい

C株　**優待がバリュー株**
指標的にはかなり割高だが、優待バリューが非常に高い

実は、以下の2種類の優待株も売買しています(笑)

D株　**優待ボロ株**
「継続企業の前提に関する注記がある」もしくは「継続企業の前提に関する重要事象等がある」状態で危険だが、優待は魅惑的

G株　**優待グロース株**
指標的には非常に割高だが、高い成長力があり、それを許容できる

コバンザメ投資から脱却して自立した投資家の一歩を踏み出す

私が株式投資を始めたのは、19年前の2000年のことです。主に**バリュー（割安）株投資を実践して、数億円の資産を築いてきました。バリュー株投資とは、企業の持つ価値に比べて株価が割安な銘柄を買い、値上がりしたら売却して利益を上げようとする投資法**です。企業が保有する資産に対して株価が割安な銘柄を売買する「**資産バリュー株投資**」や、企業が将来に上げると見込まれる利益に比べて株価が割安な銘柄を売買する「**収益バリュー株投資**」など、バリュー株投資には複数の手法があります。そうした中、私は**独自のバリュー株投資**を実践しています。

それは、**株主優待のある株で、値段がPER（株価収益率）やPBR（株価純資産倍率）といった指標で見て割安な銘柄を売買する**というものです。既存の名称が見当たらなかったことから、「**優待バリュー株投資**」と自ら名付けました。

株主優待は、**企業が自社の株を一定数以上保有する株主に対して自社の商品や割引券などを贈呈する株主還元策の一種**です。同様の還元策は海外にもあるようですが、**1000社を超える企業が実施しているのは日本だけ**です。

最初はコバンザメ投資だった

テーマパークの「東京ディズニーランド」や「東京ディズニーシー」の入場券を配布する運営会社の**オリエンタルランド（東1・4661）**や、食事の割引券を出す**吉野家ホールディングス（東1・9861）**など、**特定の株主優待を目当てに株を購入する人も多くいます。**私が株式投資を始めたのも、実は吉野家の株主優待を手に入れたいという思いからでした。なぜ株主優待のある銘柄を対象にしたバリュー株投資をしているのか。試行錯誤の末にこの投資手法にたどり着いた経緯をご紹介したいと思います。

吉野家の優待目当てで株式投資を始めたものの、最初はどんな銘柄を買ったらいいのか全く分かりません。周囲に株式投資をしている友人や知人も皆無でした。そこでまず株式投資に関する本を大量に読みあさり、一通りの知識を頭にたたき込みました。そして悩みに悩んだ末に**澤上篤人**さん（以下、親しみを込めて「さわかみのおやびん」と記します）が創設した**さわかみ投信の投資信託「さわかみファンド」**を購入しました。

理由は、全保有銘柄の買値（購入単価）と保有株数をフルオープンで教えてくれる一覧表の入った太っ腹なリポートを、2週間に1度の頻度で郵送してくれたからです。さわかみのおやびんご本人による極上のコラムまで付いています。当時、駆け出しの投資家にとって勉強になるそんな素晴らしい投信は他にありませんでした。

株主優待のある割安株で値上がりを狙う

●他のバリュー（割安）株投資の手法との比較

資産バリュー株投資	企業が保有する資産に対して株価が割安な銘柄を売買する
収益バリュー株投資	企業が将来上げると見込まれる利益に比べて株価が割安な銘柄を売買する
優待バリュー株投資	魅力的な株主優待があり、値段がPER（株価収益率）などの指標で見て割安な株を売買する

おやびんに学んだ投資姿勢

この頃はさわかみのおやびんだけが私の先生であり、目標でした。2週間ごとに届くリポートに記されたおやびんのコラムを何度も読み返し、一覧表に並んだ組み入れ銘柄や銘柄ごとの保有株数に変化がないか常に目を凝らしてチェックしていました。正直に打ち明けますと、2000年当時は、自身の持ち株の7割近くがさわかみファンドの組み入れ銘柄でした。**特定の投資家や投信の売買をまねする**、いわゆる「**コバンザメ投資**」をしていたわけです。

当時の私は、本当に株式投資のことが何も分かっていなかったのですが、さわかみファンドのコバンザメ投資に徹することで割高な銘柄をつかまずに済みました。結果的にはとてもいい投資だったと思っています。このコバンザメ投資では、リポートの一覧表に記された買値よりも大きく値下がりしている株は「お買い得に違いない」とシンプルに考えました。そして優待目当ての吉野家と共に、住宅地図大手の**ゼンリン（東1・9474）**やコンクリート補修最大手の**ショーボンドホールディングス（東1・1414）**を最初に買いました。

このさわかみファンドのコバンザメ投資に明け暮れる日々はかなり長く続きました。最終的に損切りした銘柄もありましたが、私にとって初めての「テンバガー（10倍株）」となった**住友金属工業（現在は日本製鉄、東1・5401）**や、買値から数倍に値上がりした**住友重機械工業（東1・6302）**などの銘柄が貢献してくれて、トータルの運用成績は大きなプラスとなりました。また**市場で人気のない銘柄でも、指標で見て割安で、高い技術力などを持つ有力企業の株であれば迷わず買い、中長期で粘り強くホールド**する。そうした投資姿勢も、この頃にさわかみのおやびんから学びました。

その後、02年頃からヤフーの株式掲示板に出入りするようになります。掲示板上にはたくさんの優れた個人投資家の方々が参加していました。そこで**優待目当てに株を買う「優待族」**で銘柄を見つけ出す能力の優れた方々の投稿を拝読しているうちに、私は魅力的な優待が手に入る優待株にいつのまにか完全に魅了されてしまったのです。

考えてみれば、私は小さい頃からお菓子のおまけが大好きでした。本体よりもおまけの方に魅力を感じるところが昔からあったのだと思います。さわかみファンドのリポートは向こうからの一方通行ですが、ヤフー掲示板は**自分も投稿して、他の投資家の方々とネット上で交流する**こともできます。その点にも魅力を感じました。

私は徐々にさわかみファンドのコバンザメ投資をやめ、今度は掲示板に参加している有力者の方々が購入されている銘柄を買うようになりました。当時は名証2部に上場していた**UFJセントラルリース（現在は三菱UFJリース、東1・8593）**について情報を交換する掲示板に投稿していたスゴ腕のバリュー株投資家の方々や、優待関連の掲示板に集っていた知識の豊富な優待族の方々から多くのことを学び、非常に強く影響を受けました。

「優待株いけす」の中から戦闘力抜群の銘柄を選抜する

●投資方針

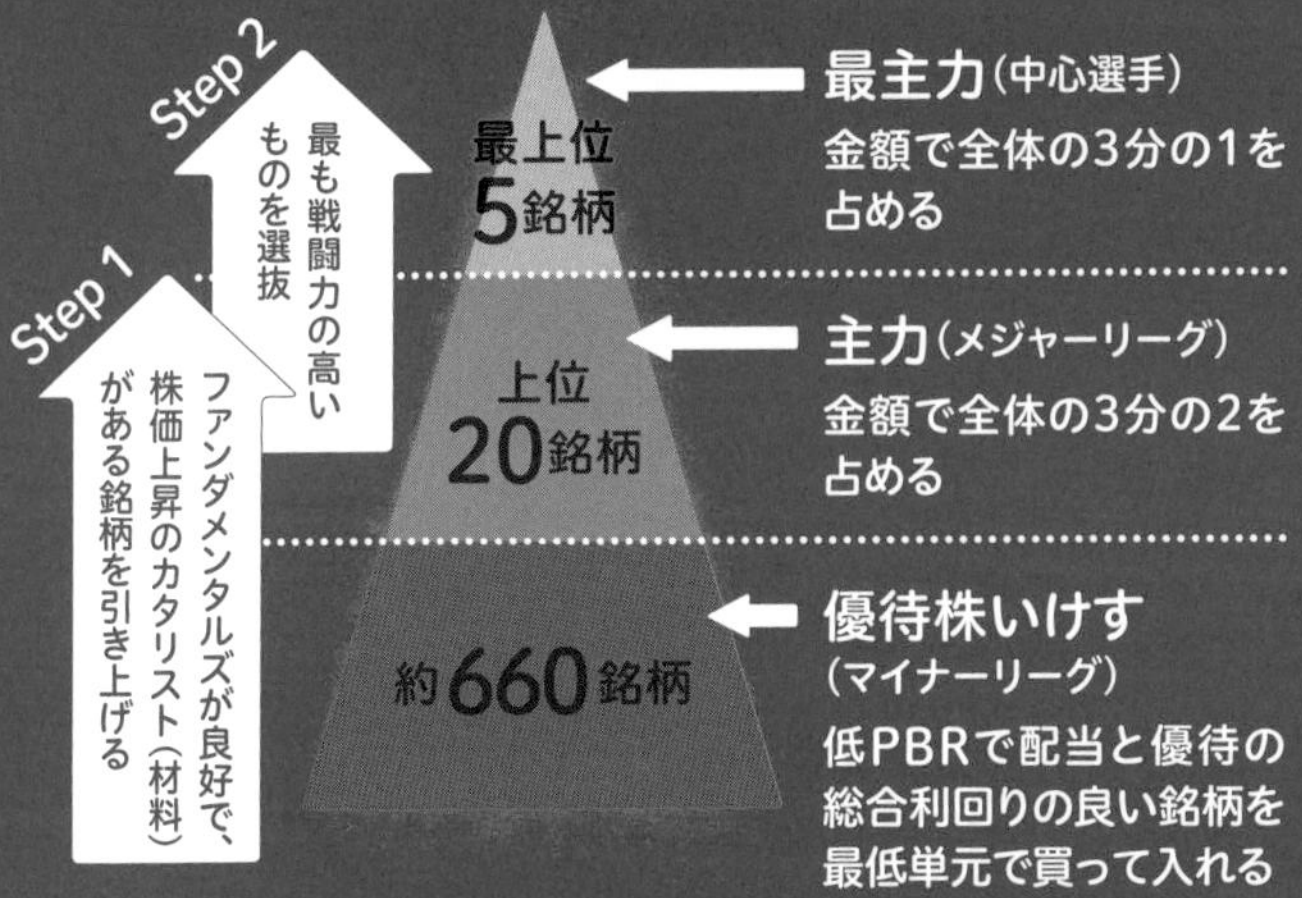
Step 1
ファンダメンタルズが良好で、株価上昇のカタリスト（材料）がある銘柄を引き上げる
Step 2
最も戦闘力の高いものを選抜
最上位
5銘柄
上位
20銘柄
約660銘柄
最主力（中心選手）
金額で全体の3分の1を占める
主力（メジャーリーグ）
金額で全体の3分の2を占める
優待株いけす
（マイナーリーグ）
低PBRで配当と優待の総合利回りの良い銘柄を最低単元で買って入れる

優待株の分析で得た気付き

そして03年頃のことです。ある時に「**優待の付いている株は負けにくい。優待の付いていない株に比べて明らかに投資成績がいい**」という思いを抱きました。そこで自分の持ち株を優待のある株とない株とに分けて分析してみたところ、**明らかに運用成績は優待株の方が安定していて、かつ良い**ことが判明したのです。この結果を受けて、自分の投資を改めて見直しました。そして04年には、「**たくさんの優待株を買って、それを『いけす』に入れた養殖魚のように飼って、その切磋琢磨を楽しく観察する。そして、総合的な戦闘力が飛び抜けた、黄金色に輝くとびきり活きのいい魚を見つけて、それを主力株に昇格させる**」という現在の投資方針が固まりました。

方針の決定では、ロバート・G・ハグストローム著『**バフェットのポートフォリオ**』（ダイヤモンド社）というバフェットの投資の解説本から得た気付きも大きかったと思います。「**すでに保有している手持ち株式を点検して、新規投資がそれよりよいかどうか調べる**」、「**新規銘柄があなたがすでに持っている銘柄よりも特によくなければ、それはあなたの選別基準を満たしていない**」。この2つの「バフェットが追加投資を検討するときの測定尺度」を解説するくだりを読んでいる時に、「そうか。良さそうな優待株はまず1枚買ってみていけすに入れ、その自分だけのいけすを利用して、厳しく比較吟味しながら自然に無理なく主力株を探せばいいんだ」とひらめきました。こうして私は**自分の性格と能力にジャストフィットした**「**優待バリュー株投資**」にたどり着いたのです。

point!

優待のある銘柄の運用成績が良いことに気付いて投資法を確立

自分の投資の強みを認識し 7項目の投資原則を守って生き残る

レッスン1では、試行錯誤の末に自分の性格と能力にジャストフィットした「**優待バリュー（割安）株投資**」にたどり着くまでの経緯を紹介しました。続いて私が2000年に日本株市場に参戦してからの市場動向を大きく俯瞰し、そこで私が至った境地について記します。

厳寒状態で実力者も姿消す

2000年からの19年余りを振り返ると、実は**相場が好調の時期はそう長くはありません。**ホリエモンこと堀江貴文さん（当時はライブドアの社長）が時代

20年間で
上昇相場は2回しかない

●日経平均株価の月足チャート

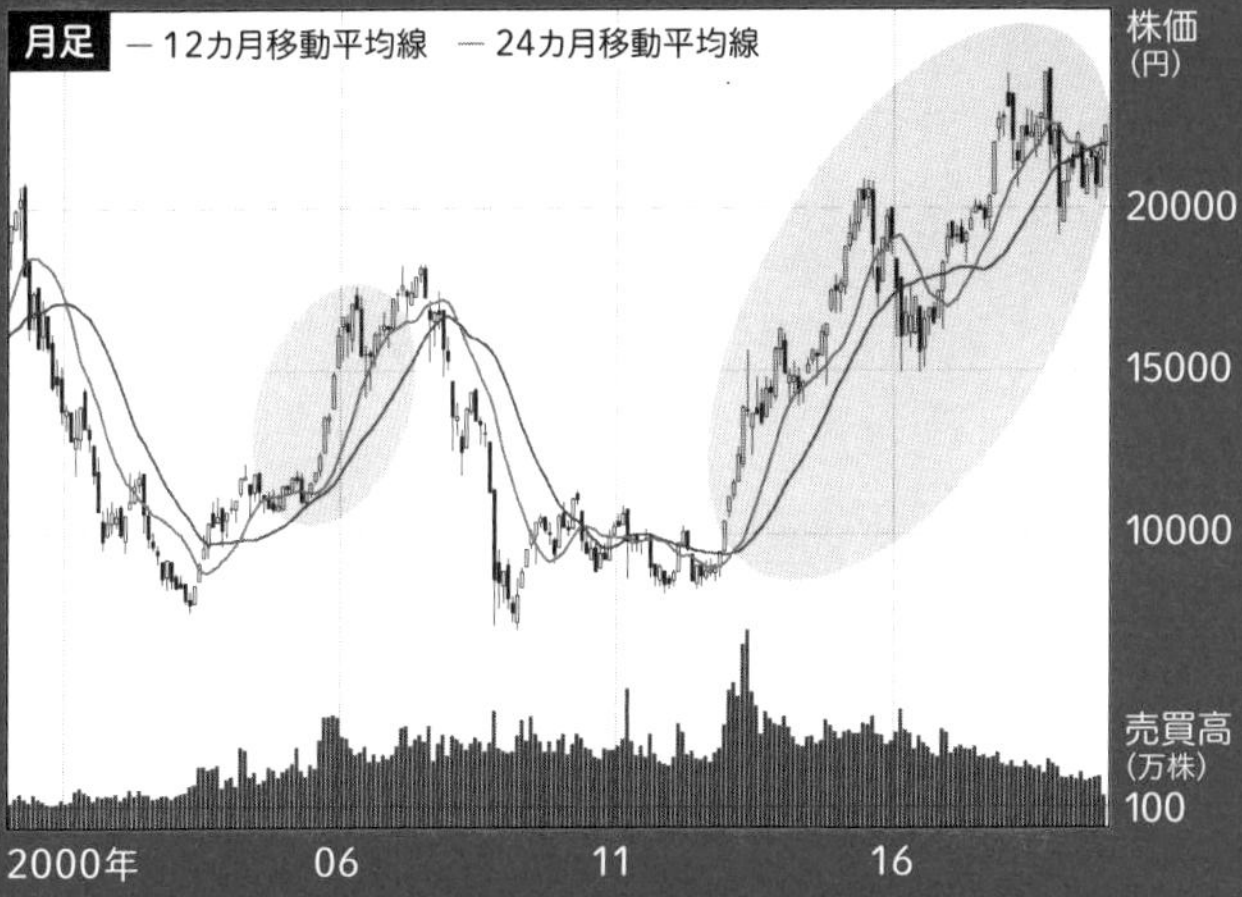

注：2019年10月18日時点

の寵児《ちょうじ》として一世を風靡した05年頃と、12年12月から現在まで続くアベノミクス相場の2つの時期だけです。それ以外は08年に起きたリーマン・ショックを筆頭に、「谷あり、底あり、地獄あり」の厳しくつらい状況が長く続きました。そしてヤフーの株式掲示板などでその存在を知り、私淑してきた**株式投資の実力者の多くが、ブリザードが吹き荒れ続けて「世界最弱」とも評された厳寒の日本株市場を生き抜くことができず、姿を消していった**のです。

中には知識も経験も抜きんでたスゴ腕の方も多く、「まさかあなたまでが……」と絶句することも多々ありました。今思い起こしてみると、リーマン・ショックの直後に株式投資関連のブログを更新していたのは、次の2つのタイプの投資家たちです。まずは**どのような相場環境でも株主優待の品々に囲まれて幸せに満ちあふれて元気な優待族**。そして**相場の下落局面で利益が出る「空売り」という売買を活用して、当時は投資成績が絶好調の極みにあった空売り族**です。何と悲惨な状況でしょうか。

そうした中、私が生き残ってこられたのは、次の2つが最大の理由だと思います。第1に、「**結局、私は優待バリュー株でしか勝てない。逆に言えば優待バリュー株でなら勝てる。そういう投資家なんだ**」というシンプルな事実に気付いたこと。第2に、**自分で作り上げた投資の原則を少しずつ改良しながら、それを守り続けてきた**ことです。その投資の原則を披露しましょう。

原則1 **配当利回りと優待利回りを合計した「総合利回り」の良い株は、取りあえず最低単元で買ってみて「優待株いけす」に入れる。**

原則2 **「優待株いけす」の中で厳しく思索・比較・吟味を繰り返して、ファンダメンタルズ(基礎的条件)が良好でかつ株価を上昇させる明白なカタリスト(材料)のある、「ピンとくる」総合戦闘力の高い魅力的な株のみを主力に昇格させる。逆に、戦闘力の足りない銘柄は迅速にその力に応じたポジションに落とす。駄目な**

子はふるさとの「優待株いけす」にすぐに戻す。

原則3 中期（2〜3年）の粘り強い投資を信条とし、あまりにも頻繁な銘柄の入れ替えは避ける。これは銘柄の入れ替えに伴う税金と手数料が投資成績を蝕《むしば》む主原因なので、これを避けるためである。また株式市場で最も有効な戦略がモメンタム投資（レッスン12で詳述）であることが証明されていることから、上がり始めた持ち株は売らずに少しくらい割高になっても握力強くホールドする「バリュー→モメンタム戦略」を徹底する。

原則4 指標で見て十分に割安な優待バリュー株をメインにするが、モメンタム投資を確立した米国の投資家、ウィリアム・オニールの投資法を独自にアレンジした「YOU《ユー》-CAN《キャン》-SLIM《スリム》法」の投資条件を満たし、確かな成長力のある優待グロース（成長）株（レッスン6で詳解）も、バランス良く組み入れる。

総合力の高い銘柄を選抜して主力に引き上げる

●"負けない株"の育て方

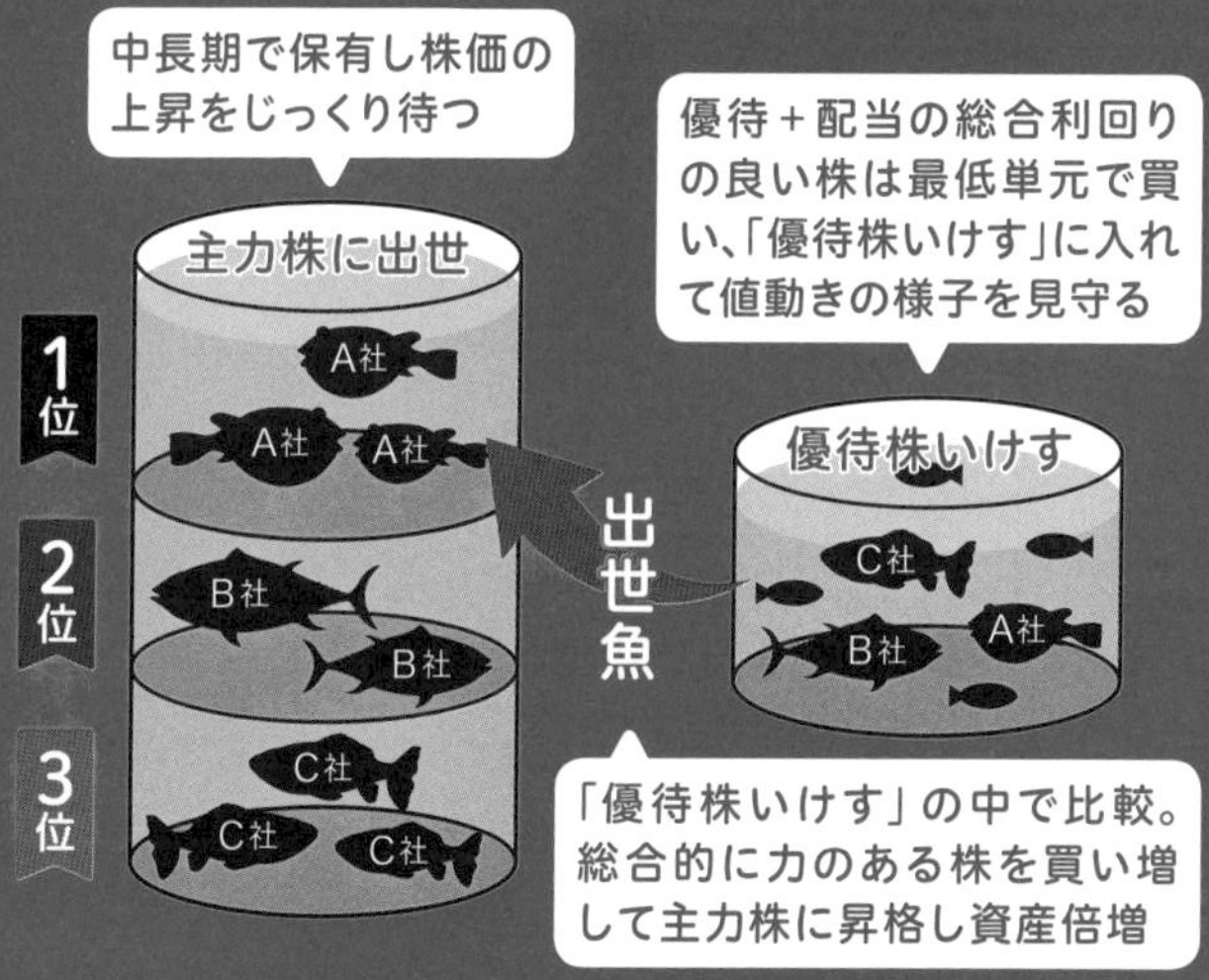
中長期で保有し株価の上昇をじっくり待つ
優待＋配当の総合利回りの良い株は最低単元で買い、「優待株いけす」に入れて値動きの様子を見守る
主力株に出世
1位
2位
3位
A社
A社
A社
B社
B社
C社
C社
C社
出世魚
優待株いけす
C社
B社
A社
「優待株いけす」の中で比較。総合的に力のある株を買い増して主力株に昇格し資産倍増

原則5 株価の指標としては、負けない投資を優先して、ＰＢＲ（株価純資産倍率）を最も重視する。

原則6 分散投資をし過ぎるとポートフォリオ全体のパフォーマンス（運用成績）が全く上がらないので、「これは！」というきらめきを感じて、自分のその直感の理由を分かりやすく万人に説明できる銘柄には迷わずどかんと集中投資する。具体的にはポートフォリオの上位20～25銘柄が時価ベースでポートフォリオ全体の3分の2以上を占める「スカイツリー型」の編成とする。

原則7 夜はぐっすり眠りたいし、投資家として長生きしたいので、原則として信用取引（現金や株を担保にして証券会社から資金や株を借りて売買する取引。担保の評価額の約３・３倍まで取引できる）は使わない。ほぼ１００％現物で頑張る。

防御力と利回りが高まる

優待バリュー株投資は、**たくさんの銘柄を最小単元で買うことによって、無理なくポートフォリオの防御力と総合利回りを高める**ことができます。**資金に限りのある個人投資家にぴったりの安全で快適な投資法**だと考えています。

世の中には無数の投資法があります。あふれ返る情報の渦の中でどうしたらいいのか分からず、巧みな宣伝に引き寄せられて出来の悪いアクティブ運用（ファンドマネジャーなどの運用担当者が自分の裁量で個別株を選別して売買する運用）の投資信託を買ったりすると、法外な信託報酬やその他の有形無形のコストによって、優に3％分くらいのパフォーマンスを運用会社に持っていかれてしまいます（ちなみに私は、世に出ているアクティブ運用型の投信の半分以上は出来が悪いと考えています）。

一方、優待バリュー株投資では、**株主優待分でTOPIX（東証株価指数）な**

どのベンチマーク（運用の指標）を2％くらいは上回るパフォーマンスを出すことは十分に可能です。この差が毎年積み重なっていくとどうなるか。それは考えるまでもないでしょう。

自分の武器を磨き続ける

日本独自の制度である株主優待。その利点を最大限に生かすことを目指した優待バリュー株投資にはまだまだ無限の可能性があると考えています。この投資法で資産を増やし続けてきた私の夢はまだまだこれからも続きますし、自らが専門とするこの投資法に限りなく特化して、さらに洗練させていきます。得意とする武器をピカピカに磨き続けて、株式市場で日々戦っていきたいと考えています。

point!

投資の原則を守り続けたからこそ
危機を乗り越えて生き残れた

lesson3

3種類に大別される優待バリュー株 異色の銘柄も加えて投資を多彩に

「優待バリュー（割安）株投資」で売買する優待バリュー株とは何か。この言葉の「生みの親」である私が平易に説明したいと思います。最初に断っておきたいのは、**優待バリュー株投資を手掛ける投資家は一般にいわれる「優待族」とは異なる**ことです。優待族は、とにかく**好きな株主優待を手に入れる**ことを目的に株を買う人を指します。一方、優待バリュー株投資家は、**株主優待のある割安な銘柄を主軸にポートフォリオを組んで、ベンチマーク（運用の指標）にしているTOPIX（東証株価指数）などのインデックス（株価指数）を中長期にわたって上回る運用成績を上げる**ことを目的とした投資家です。あくまで優待株の売買を軸に戦って利益を上げ、市場平均に勝つことを目指しているのです。このように**優待族と優待バリュー株投資家とでは株を購入する目的が全く異なっています。**

割安株投資の欠点を解消

さて、優待バリュー株投資家がベンチマークを上回る運用成績を出すために売買する優待バリュー株には、大きく分けて3つの種類があります。

まずは、PBR（株価純資産倍率）やPER（株価収益率）などの**株価指標で見て極めて割安な株に株主優待が付いている**ケースです。これを「**A株（優待ディープバリュー株）**」と呼んでいます。名称に含まれるディープバリューという言葉は、「極めて割安」という意味です。この極めて割安、すなわち、ディープバリューかどうかを判定するために、米国の投資家**ベンジャミン・グレアムが提唱した**「**ミックス係数**」という株価指標を私は使用しています。

グレアムは、「バリュー株投資の始祖」と呼ばれる大投資家で、ウォーレン・バフェットの師匠であったことでも知られています。ミックス係数はPERにPBRを掛けて算出します。「ミックス係数が22・5以上の株は買うべきではない」とグレアムは主張しました。私はこの基準をさらに厳しくし、**ミックス係数がグレアムの基準の半分である11・25未満**の銘柄を、極めて割安なディープバリュー株と判定しています。私がポートフォリオの上位に据えている銘柄の大半は、このA株です。

A株の長所は、「**株主優待があるので、それを楽しみながら値上がりするまでストレスなく保有できる**」点にあります。ただ単に株価指標で見て割安な株は、株式市場にはたくさんあります。ただし、その大半は**不人気で値動きの少ない株**です。そうした株の**価格が何らかのきっかけで上がり始めるまでじっと我慢して持ち続けるには、強い精神力、忍耐力、胆力が必要**です。魅力的な株主優待が付いていると、優待を楽しむことで価格が上がり始めるまでの長い期間を

優待バリュー株には大きく3つの種類があります！

A株 優待ディープバリュー株

王道

株価指標が極めて割安なバリュー株にたまたま株主優待が付いている

銘柄の代表例 アプライド(JQ・3020)、三栄建築設計(東1・3228)、プレサンスコーポレーション(東1・3254)、サンセイランディック(東1・3277)、オリックス(東1・8591)、第一交通産業(福証・9035)

B株 優待バランス株

指標的に突出した割安感はないが、配当+優待の総合利回りが高く、バランスがよい

銘柄の代表例 ANAホールディングス(東1・9202)、日本航空(東1・9201)、フジ・コーポレーション(東1・7605)

C株 優待がバリュー株

指標的にはかなり割高だが、優待バリューが非常に高い

銘柄の代表例 日本マクドナルドホールディングス(JQ・2702)、すかいらーくホールディングス(東1・3197)

ご機嫌な気分で過ごせます。それに**もともと株価指標で見て非常に割安な株なので、いつかはスポットライトが当たって価格が上昇する**ことが多く、結果として損をしにくい投資になります。

このようにA株の売買は、「**地味でつまらない**」「**結果が出るのに非常に時間がかかる**」というディープバリュー株投資の欠点を解消し、株主優待天国とも言うべき日本の株式市場にもフィットしています。まさに**優待バリュー株投資の王道**と言うべき投資法です。

下落相場への耐性を高める

A株に続く優待バリュー株の2番目は、**株価指標では突出した割安感はないものの、配当利回りと優待利回り（株主優待の価値を株価で割って算出した利回り）を足し合わせた総合利回りが高く、価格と利回りのバランスが良い**銘柄です。これは「**B株（優待バランス株）**」と名付けました。

私はこのB株も多く保有しています。B株を少量で数多く保有することで、**ポートフォリオ全体の総合利回りを引き上げて下落相場に対する耐性を高める**ことができます。**総合利回りが高いほど価格が下がりにくい**からです。いつ何が起こるか分からない株式市場で長く生き延びられると同時に、優待品に囲まれて投資の果実を実感しながら幸せに暮らせるという複数のメリットがあります。現に、優待族の方々の多くが最低単元で数多くの優待株を買って優待品を楽しんでいるだけで、魑魅魍魎《ちみもうりょう》のはびこる株式市場で相対的に長生きできている。20年近くに及ぶ投資人生を通じて、そう実感しています。

3番目の優待バリュー株は、**株価指標はかなり割高だが、株主優待の価値（バリュー）が非常に高い**銘柄で、「**C株（優待がバリュー株）**」と称しています（笑）。このC株は純粋に株価指標で見ると全く割安感がなく、購入は多少ためらわれます。ですが、優待自体の魅力が大きいので、満足度は格別です。また優待の価値が高いことから、優待を受け取る権利が確定する前に優待族の投資家の買いが集まり、株価が上昇することが多いのも特徴です。そのため、**優待の受け取りを放棄して権利確定日の直前に高値で売却する**という優待バリュー株投資家の伝家の宝刀、「（優待を）取らないの法則」を実行して売却益を得やすいという利点もあります。

割安株以外の優待株も売買

以上の3つが私の考える優待バリュー株ですが、この他に「**継続企業の前提に関する注記がある**」**もしくは**「**継続企業の前提に関する重要事象等がある**」、**すなわち存続が危ぶまれる状態にあるが、優待は魅惑的**な銘柄も売買しています。これは「デンジャラス（危険）」という英語の頭文字を取って、「**D株（優待ボロ株）**」と名付けました（笑）。複数のD株をバルク（一括）で買ってトータルで利益を上げる投資法は、名称通りハイリスクですが、大きな売却益を手にすることもあります。この投資法については、過去に「危ない優待株を見てみよう」とい

実は、以下の2種類の優待株も売買しています(笑)

D株

優待ボロ株

「継続企業の前提に関する注記がある」もしくは「継続企業の前提に関する重要事象等がある」状態で危険だが、優待は魅惑的

銘柄の代表例 21LADY(名セ・3346)、田谷(東1・4679)

G株

優待グロース株

指標的には非常に割高だが、高い成長力があり、それを許容できる

銘柄の代表例 物語コーポレーション(東1・3097)、シュッピン(東1・3179)

うタイトルで大人気を博した記事をブログで書いています。ぜひそちらもご参照ください。

また、**株価指標は非常に割高だが、高い成長力があって割高な価格を許容できる**銘柄もあります。こちらは「グロース（成長）」の頭文字を取って「**G株（優待グロース株）**」と称しています。G株は優待バリュー株投資の購入条件には当てはまらないので、レッスン2で言及した「YOU《ユー》-CAN《キャン》-SLIM《スリム》法」で購入できるかどうかを判定しています。この投資法については、レッスン6で詳しく解説します。

優待株を買う時にはざっくりとA、B、C、D、Gのどの株に当てはまるかを考えて、資金の配分を決めます。前述のように、主力は極力A株の中から選ぶのが基本かつ大原則です。もっとも、「株式投資はピュアな自然科学ではなく、ギトギトの社会科学」なので、B、C、D、Gに該当する株も組み入れて、「多彩で柔軟かつ楽しいポートフォリオ」を作り上げるようにしています。これからも健康（A～C、G）、不健康（D）を問わず、たくさんの優待株に出合いたいと思っています。

point!

5つの異なる優待株を組み入れ、多彩なポートフォリオを作り込む

lesson4

2つの基準を満たすだけでも勝てるグレアム流バリュー株投資の実力

バリュー株投資の父グレアム

ここでは、**優待ディープバリュー株投資**をさらに詳しく解説したいと思います。名称に含まれる「**ディープバリュー**」とは「**極めて割安**」という意味です。既にレッスン3で紹介して繰り返しになりますが、このディープバリュー株を売買する投資法は、バリュー株投資の「始祖」や「父」と呼ばれる米国の大投資家、ベンジャミン・グレアムが提唱したものです。グレアムは、米東部の名門校、コロンビア大学を1914年に卒業し、証券会社に入社。26年に32歳の若さで投資会社グレアム・ニューマンを設立し、28年からはコロンビア大学のビジネススクール（経営大学院）で教壇に立ち、株式投資について教えました。

この時の教え子の一人が、あのウォーレン・バフェットです。バフェットは同校でMBA（経営学修士）を取得した後、故郷のネブラスカ州オマハに戻り、最初は父親の経営する地元の証券会社で働きました。しかし、54年にグレアムの誘いを受けてグレアム・ニューマンに証券アナリストとして入社します。そして今度は株式投資の現場でグレアムの薫陶を受けたのです。

グレアムは、49年に出版した著書『賢明なる投資家』で、**個人投資家向けにバリュー株投資の理論とノウハウを書き残しました。**バフェットは同書を「株式投資の本では過去最高の傑作」と絶賛しています。バリュー株投資家にとってのバイブルとして今も世界中の投資家に読まれ、影響を及ぼしています。今から70年ほど前に出版された本で日本語訳も古くて難解な表現が多いので、今読むなら米経済紙ウォール・ストリート・ジャーナルのコラムニスト、ジェイソン・

ツバイクの注解が付いた『新賢明なる投資家』（パンローリング）の方をお薦めします。

この著書でグレアムは、投資家を「**防衛的投資家**」と「**積極的投資家**」の2つのタイプに分類し、それぞれに適した株式投資の手法を論じています。前者の防衛的投資家は「**大きな失敗や損失を避けることに最大の関心がある人々を指す**」とした上で、「**彼らが次に重視するのは努力や不快感、また度重なる投資判断の必要性から逃れることだ**」と指摘しています。

一方、後者の積極的投資家については、「**平均的銘柄と比較して健全で魅力ある有価証券を選ぶために、手間と時間を注ぎ込むことをいとわない**」と述べています。グレアムは、前者の**防衛的投資家を対象とした銘柄の選定基準として7つの項目**を挙げました。これは、グレアムのディープバリュー株投資の根幹と言ってもいいものです。注釈を付けて紹介しておきます。

選定基準1 企業の適切な規模

われわれのいう最小値、特に必要な企業規模についての最小値は、あくまで独断である。われわれは特に事業会社分野において平均以上の変動の影響を受けやすい小企業を排除すべきだと考える（小規模だからこそ大きな可能性があることも多いが、防衛的投資家が手がける範疇には入らない）。大体の目安として、製造業では年間売上が10億ドル以上、公益企業では総資産5000万ドル以上であることが望ましい。

選定基準2 十分に健全な財務状況

製造業の場合、流動資産が流動負債の最低2倍――いわゆる流動比率2対1――以上であること。また長期負債が純流動資産（「運転資本」）を超えないこと。公益企業では、負債が株式資本（簿価）の2倍を超えないこと。

選定基準3 収益の安定性
過去10年間、毎年普通株の収益があること。

私はこれを受けて自分の保有株については必ず過去10年間の業績をチェックすることを自らに課しています。

選定基準4 配当歴
少なくとも過去20年間において無配当の年がないこと。

選定基準5 収益の伸び
過去10年間において初めの3年間と最後の3年間の平均を比べて、1株当たり利益が最低3分の1以上(33%以上)伸びていること。

これはEPS（1株当たり純利益）が10年で33％以上増えていればいいことを意味します。1年のEPSの伸び率が平均3％未満でも達成できる数字ですね。このようにグレアムは、企業の利益成長については非常に低くても構わないと考えていました。

選定基準6 妥当な株価収益率

現在の株価が過去3年間の平均収益の15倍を上回らないこと。

選定基準7 妥当な株価純資産倍率

直近の報告書において、現在の株価が簿価の1・5倍以下であること。ただし収益の15倍以下であれば、それに伴って簿価比率が高くても構わない。経験則から、株価収益率に株価純資産倍率を掛け合わせたものが22・5以上であってはいけない（これは収益の15倍、簿価の1・5倍という数値に対応している。例えば、株価は収益のわずか9倍で、資産価値の2・5倍というような場合でもよい）。

出所：『新賢明なる投資家（下）』（パンローリング）、120～122ページ

損失を防ぐ優れた経験則

この7項目の選定基準を満たす銘柄を購入し、値上がりに伴って売却益を手にすることを目指すのが、グレアムのディープバリュー株投資です。彼が『賢明なる投資家』を世に出してから約70年もの歳月が過ぎたにもかかわらず、この投資法は米国だけでなく日本を含めた他国の株式市場でも有効であり続けてきました。そのことを示す多くのエビデンス（証拠）もあります。**銘柄の選定基準が明確で分かりやすく、同様の取引を繰り返し実行できる再現性の高い投資法**ですので、多くの個人投資家にお薦めしたいと思います。

7項目の選定基準に話を戻すと、その中で最も注目していただきたいのは「**経験則から、株価収益率に株価純資産倍率を掛け合わせたものが22・5以上であってはいけない**」という一文です。ここから導かれた「PER×PBR∧22・5」という数式は、レッスン3で先述したようにグレアムの「**ミックス係数**」と呼ばれ、バリュー株投資家の間では広く知られています。グレアムは選定基準の7項目を明示した後に次のように記しています。「**行き過ぎた株価は将来も収益が増え続けることに依存せざるを得ず、適切な安全性に欠けるのだ。読者はこの重要な問題の優先順位を考え、自ら決断を下さなくてはならない**」

このグレアムの教えに反するので、ミックス係数が22・5以上の銘柄は買わないことを私は原則にしています。ですから、業績の成長性においてはどんなに魅力的な銘柄でも、ミックス係数が22・5以上あると、「うーん、これはきついなあ」と眉間にしわを寄せながら購入を断念しています（笑）。さらに損を被りにくくするために、大半の保有銘柄はグレアムのミックス係数の半分、すなわちPERにPBRを掛け合わせた数値が22・5の半分の11・25未満のものから選んでいます。実際、過去にこのミックス係数の数値が5以下の銘柄で致命的な損失を出したことは一度もありません。また、ミックス係数の数値が2以下の銘柄では損をしたことすらほとんどありません。グレアムが提唱したミックス係数は極めて優れた銘柄の選定基準なのです。

2つの基準で機械的に選ぶ

さらに「**配当利回りと優待利回り（株主優待の価値を株価で割って算出した利回り）を足し合わせた総合利回りが4・0％以上**」という基準を追加し、2つの基準を両方とも満たす銘柄を購入して、値上がりに伴う売却益を狙う。これが、優待ディープバリュー株投資になります。「総合利回りが4・0％以上」という基準を加えたのは、それほど高い利回りをもたらす魅力的な株主優待があれば、大きく値下がりしても大損を被る確率がさらに低くなるからです。

「負けない優待バリュー株」を選ぶためのたった2つの簡単な条件

1

PER × PBR < 11.25

ベンジャミン・グレアムが提唱した「ミックス係数」の半分未満

2

総合利回り（配当+優待）≧ 4.0%

この2つの条件を同時に満たす銘柄をバルク（一括）でたくさん買ってポートフォリオを組み上げます。そして、条件に合わなくなった銘柄を外してより良い銘柄に入れ替えるというメンテナンスを定期的にしていけば、数年単位でならしてみるとおおむねTOPIX（東証株価指数）などのベンチマークに負けることはありません。私はこの投資法を「優待バリュー株インデックス投資法」と称しています。

「優待ディープバリュー株投資」の2つの基準

11.25未満　4.0%以上

ミックス係数	配当利回り	優待利回り	総合利回り	時価総額
8.58	2.71%	0.27%	2.99%	2955億円
5.35	2.97%	1.14%	4.11%	1103億円
5.609	2.64%	0.92%	3.56%	73億円
3.9	3.13%	0.57%	3.71%	325億円
3.904	4.52%	0.00%	4.52%	36億円
3.52	1.31%	1.09%	2.41%	374億円
4.392	5.40%	3.31%	8.71%	2兆1604億円
9.49	2.03%	1.02%	3.05%	201億円
3.363	3.42%	2.19%	5.62%	286億円
8.418	1.89%	0.80%	2.69%	174億円

注：優待利回りは独自に調べた優待の価値(金額換算)を、最低優待取得金額(株主優待を獲得できる最低株数×株価)で割って算出

10銘柄のミックス係数が全て11.25未満で極めて割安

●最主力と主力上位の銘柄

銘柄名（市場・コード）	事業概要	株価	PER	PBR
ユニバーサルエンターテインメント（JQ・6425）	パチスロ機大手	3685円	11.0倍	0.78倍
プレサンスコーポレーション（東1・3254）	分譲マンション中堅	1750円	5.0倍	1.07倍
サンセイランディック（東1・3277）	不動産販売	870円	7.1倍	0.79倍
三栄建築設計（東1・3228）	建売住宅の建築・販売	1533円	5.0倍	0.78倍
一蔵（東1・6186）	着物の販売・レンタル	664円	6.4倍	0.61倍
澤田ホールディングス（JQ・8699）	銀行・証券	914円	5.5倍	0.64倍
オリックス（東1・8591）	金融サービス	1631円	6.1倍	0.72倍
エコス（東1・7520）	中堅食品スーパー	1726円	7.3倍	1.30倍
第一交通産業（福証・9035）	九州地盤のタクシー最大手	730円	5.9倍	0.57倍
ロジネットジャパン（札証・9027）	総合運輸	2490円	6.9倍	1.22倍

注：19年10月18日時点。PER、配当利回りは日経予想、PBRは実績で算出。

2つの基準を満たす銘柄をバルク（一括）で大量に購入してポートフォリオを組み上げる。そして、基準を満たさなくなった銘柄を売却して、もっと良い銘柄を購入してポートフォリオの構成銘柄を入れ替えるというメンテナンスを定期的に実施していく。これを実践すれば、数年単位でならしてみると運用成績がTOPIX（東証株価指数）などのベンチマークを下回ることはほとんどありません。**株式投資では、複雑過ぎる投資法は長続きせず、有効性も徐々に失われます。**簡便で損をしにくい優待ディープバリュー株投資を多くの方に参照していただきたいと考えています。

point!

ミックス係数が低く利回りが高い銘柄を取引すれば大損は被らない

59　優待バリュー株投資入門：chapter1-基本編-lesson4

lesson5

札付きの優待銘柄をまとめ買い 〝邪道〟な投資法の意外な効用

ここでは、「優待バリュー（割安）株投資」の王道である「**優待ディープバリュー株投資**」とは、ある意味その対極に位置する「**優待ボロ株投資**」について解説します。

対極の投資を手掛ける理由

優待ボロ株投資とは、「**継続企業の前提に関する注記がある**」、もしくは「**継続企業の前提に関する重要事象等がある**」、**つまり企業として存続が危ぶまれる状態だが、株主優待は魅惑的な銘柄を売買する投資法**です。売買の対象には「明らかに企業としての実力に見合っていない高い株価を維持するために、異常に価値の高い優待を提供している銘柄」も含めています。

企業の保有資産や将来に上げる利益に比べて株価が割安なわけではないので、この投資法は純粋な優待バリュー株投資ではありません。ですから、王道の対極にあるわけです。それにもかかわらず、優待バリュー株投資のパイオニアで第一人者を自任する私がこの投資法を手掛けるのは、15年ほど前に**優待ボロ株には業績の回復に伴って価格が何倍にも上昇するものがある**ことに気付いたからです。

優待ボロ株に対する自身の見解に基づいた投資スタンスをまとめると、次のようになります。

スタンス1 **優待ボロ株には、配当利回りと優待利回り(株主優待の価値を株価で割って算出した利回り)を足し合わせた総合利回りが高いものが多い。倒産する**

リスクがあるので、高いリターン（運用益）が期待できないと誰も買わないからだ。しかし、危機を脱して復活を遂げた場合には非常に大きなリターンを得られることもある。だから、私は「優待ボロ株」は嫌いではない。むしろ大好きである。

スタンス2 そうは言っても、本当に倒産してしまっては困る。倒産の危機に瀕していても実際にそうなる確率の低い企業の株を購入する必要があるので、実は銘柄の選択では投資家としてかなりの力量を必要とされる。

スタンス3 もっとも、私にそれほどの力量が備わっていれば、既にアーリーリタイアして南の島に移住し、楽しく過ごしているはず。つまり、私にはそんな力量はない。そこで、優待ボロ株投資では複数の銘柄をバルク（一括）で買い、その中の幾つかが大化けしてトータルで利益が上がることを狙う。

これらのスタンスのうち3番目を補足すると、優待ボロ株は倒産の危機に直面しているので、業績や財務の健全性といったファンダメンタルズ（基礎的条件）は極端に悪く、優待にしか魅力がありません。ですが、**複数の優待ボロ株をバルクで購入してポートフォリオの片隅に寝かせておくと、業績の改善や短期資金の流入によって価格が2～10倍になる**ものが出てきます。当然**いつまでも値上がりしなかったり、実際に会社が倒産して価値が全くなくなったりする銘柄もありますが、トータルでは利益を上げられる**ことが多いのです。

単に儲かるだけではない

他にも様々な効用があります。具体的に挙げてみましょう。

効用1 **我々日本人は非常に保守的なので、一般にリターンよりもリスクを過大に評価する傾向がある。実際にはリスクは思ったほど大きくはない。バルク買い**

に徹すれば、優待ボロ株投資は「ミドルリスク・ハイリターン」の投資になることが多く、投資のリスクを低減する。

効用2 人生にはドラマとスパイスが欠かせない。それらは、人間心理が極限の形で反映される株式投資の世界で増幅されるが、中でも優待ボロ株投資は、株式投資が根源的に備えるギャンブル性やサスペンス性をダイナミックに体現する投資法である。優待ボロ株をポートフォリオの一部に組み込むことによって、株式投資は一段とスリルに満ち、奥が深く魅惑的で熱中できるものとなる。

魅力的な遊園地には必ず怖いお化け屋敷があります。「ホーンテッドマンション」のない東京ディズニーランドや「タワー・オブ・テラー」のない東京ディズニーシーなんて想像できますか？

総合利回りが4%を超える銘柄も

●優待ボロ株の具体例

PER × PBR < 11.25未満　　4.0%以上

銘柄名（市場・コード）	株価	PER（予想）	PBR（実績）	ミックス係数	総合利回り	時価総額
第一屋製パン（東1・2215）	971円	672.2倍	0.77倍	517.594	1.24%	67億円
ゼネラル・オイスター（東マ・3224）	1182円	361.7倍	19.7倍	7125.49	2.54%	32億円
21LADY（名セ・3346）	149円	―	5.87倍	―	0.67%	12億円
田谷（東1・4679）	600円	20.5倍	1.27倍	26.035	5.83%	30億円
千趣会（東1・8165）	280円	1.78倍	0.32倍	0.5696	6.43%	145億円
フレンドリー（東2・8209）	1601円	―	3.94倍	―	5.00%	45億円
フジトミ（東1・8740）	187円	―	0.58倍	―	2.55%	12億円
小林洋行（東1・8742）	247円	―	0.29倍	―	4.37%	24億円
藤久（東1・9966）	760円	―	0.44倍	―	4.61%	31億円

注：19年10月18日時点。PERは日経予想、PBRは実績で算出。PERの―は赤字見通し示す。総合利回りは、日経予想で算出した配当利回りと優待利回りの合計。優待利回りは独自に調べた優待の価値（金額換算）を、最低優待取得金額（株主優待を獲得できる最低株数×株価）で割って算出

効用3 最悪の銘柄を知るからこそ最良の銘柄が分かる。

多くの投資家は、株式市場の環境悪化や持ち株の値下がりで一度つまずくと、途端に運用成績を落としたり、精神的に落ち込んだりして、最悪の場合は〝退場〟に至ることもあります。普段からポートフォリオに札付きの「優待ボロ株」を組み込んでおくことは、「インフルエンザの症状を軽減するために前もってワクチンを打っておく」のと同じような効果があります。「優待族」の個人投資家は、魅惑的な優待に引かれて優待ボロ株を購入することで、知らぬ間に多種多様な「天然のワクチン」を打ち続けています。だからこそ優待族はタフで長生き。どんな市場環境でも、元気で楽しく過ごせているのです。

一方、優良株のみで構成されたポートフォリオは不自然な集合体で、意外にも天変地異や突発的なアクシデントに極めて弱い面があります。「不健康な銘柄を含んでいてこそ健康なポートフォリオである」とも言えると思います。どうでしょう。こうして見てくると、優待ボロ株には今までほとんど語られたことのない効用があることをお分かりいただけるのではないでしょうか。ただし、優待ボロ株が個々に見て素晴らしい銘柄であるわけでは全くない点にはご注意ください。興に乗って筆が走り過ぎている感もありますが、読者の方々も「ヒリヒリするほどスパイシーで、かつ当たったらデカい」優待ボロ株をポートフォリオに組み込み、刺激的な毎日を過ごされてはいかがでしょうか（笑）。

point!

不健康な銘柄を組み入れてこそ、健康なポートフォリオができる

lesson6

生粋の割安株投資家の弱点を克服 高成長の優待株で大きく増やす

レッスン5では、「優待ボロ株投資」について解説しました。ここでは、それとは別の意味で「優待ディープバリュー株投資」の対極に位置する「**優待グロース（成長）株投資**」について解説したいと思います。優待グロース株投資では、名称から察しが付くように、**株主優待は付いているものの、割安ではなく割高なグロース株**を売買します。ベンジャミン・グレアムやウォーレン・バフェットに連なるバリュー株投資家の正統派を自任する私が、なぜグロース株投資を手掛けるのか。疑問に思われる方もおられるでしょう。実はこの投資法を採用するに至った背景には、バリュー株投資家ならではの悩みがありました。

バリュー株投資家ならではの弱点

「経験則から、PER（株価収益率）にPBR（株価純資産倍率）を掛け合わせたものが22・5以上であってはいけない」

グレアムが提唱した「**ミックス係数**」と呼ばれるこの基準を厳しくして、半分の**11・25未満**。配当利回りと優待利回り（株主優待の価値を株価で割って算出した利回り）を足し合わせた**総合利回りが4・0％以上**。この2つの基準を同時に満たす銘柄を買って、値上がりに伴う売却益を狙う。このように堅牢な優待ディープバリュー株投資を主軸として、私は低迷が長く続いた日本株の市場を生き抜いてきました。そして優待バリュー株投資についてのブログをほぼ毎日書き続け、頭の中はバリュー株投資の思考法で染まっていました。

ところが、それ故に「成長力が抜群で収益性も高く突出した魅力を持つグロース株をどうしても大きく買えない」という弱みを抱えて悩んでいました。この悩みに拍車を掛けたのがある銘柄の売買です。2014年のことです。時計やカメラなど、愛好者の多い商品の新品と中古品をネットと店舗の両方で販売するビジネスを展開するシュッピン（東1・3179）を購入しました。12年12月の上場から間もない頃に「この銘柄はすごい」と直感し、満を持しての購入でした。ですが、当時の私は優待付きのグロース株を買うよりどころとなる投資理論を持っていなかったため、「やはり割高だなあ」という思いが払拭できず、大量に買い込むことができなかったのです。その後、シュッピンは見立て通りに大化けして、18年7月27日には、14年の安値の約7・6倍、13年2月の上場来安値89・5円の約21倍に当たる1908円まで上昇しました。

オニールの投資法に巡り合う

シュッピンを大きく購入できなかったという激しい悔恨から、私はグロース株の購入に論拠を与えてくれる投資理論を懸命に探し求めました。そして巡り

最安値から
21倍まで上昇

シュッピン（東1・3179）

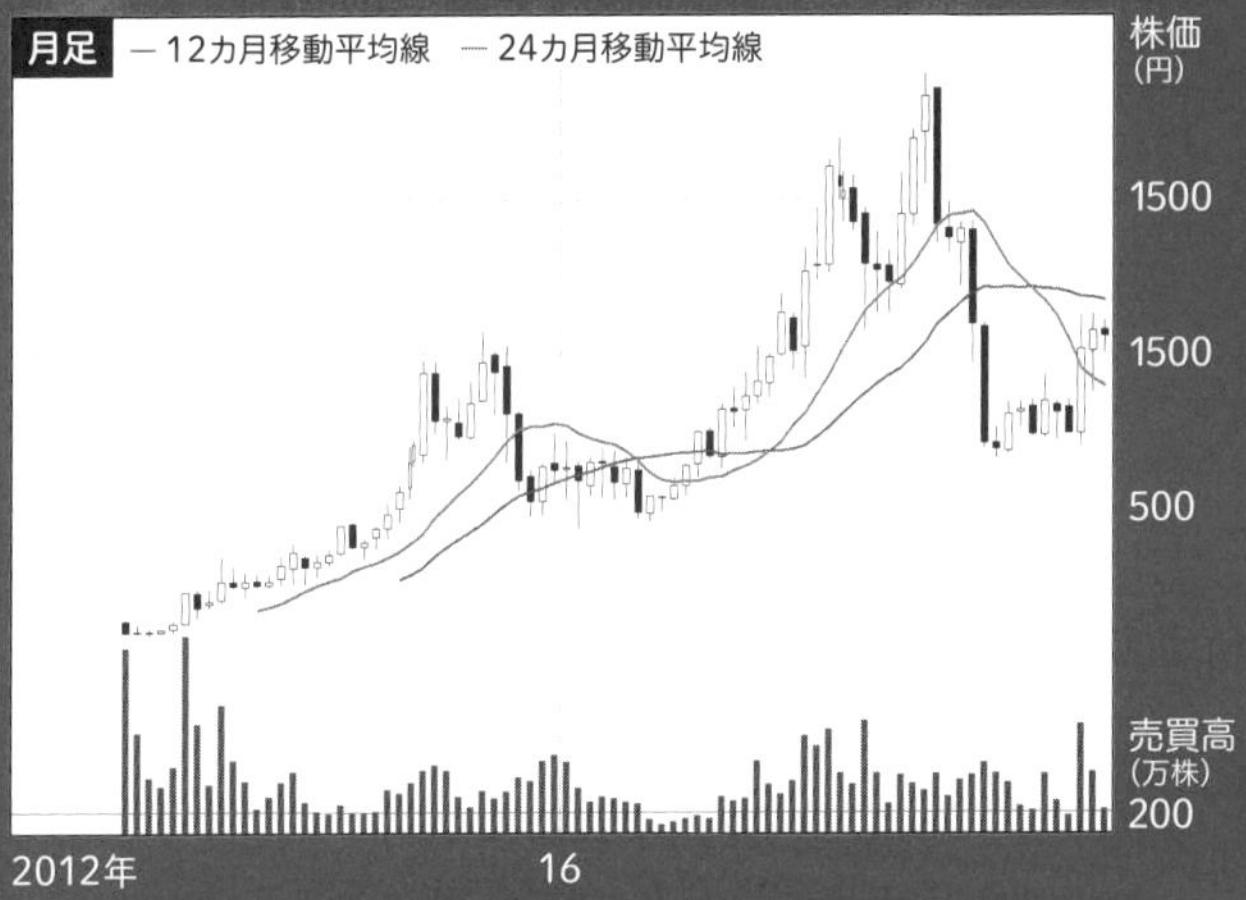

注：19年10月18日時点

合ったのが、米国の著名投資家**ウィリアム・オニールの著書『オニールの成長株発掘法』（パンローリング）**でした。この本でオニールは、自ら考案した「**CAN《キャン》－SLIM《スリム》投資法**」について解説しています。**CAN－SLIMは大化け株の特徴を示す英語の頭文字を並べたもの**で、具体的な内容は73ページの表の通りです。この投資法を、優待の付いた銘柄が数えきれないほどある「優待株天国」の日本株市場にジャストフィットさせるため、独自に考えた基準を追加しました。そうして作り上げた優待グロース株の投資法を、優待の頭文字の「ゆー」を加えて、「**YOU《ユー》－CAN《キャン》－SLIM《スリム》法**」と名付けました。

YOU－CAN－SLIM法を実践して最も成功したのが、**物語コーポレーション（東1・3097）**の売買です。同社は焼肉店の「焼肉きんぐ」やラーメン店の「丸源ラーメン」など複数の外食店舗を国内外で展開しています。11年から13年にかけて主力として手掛けましたが、13年9月に買値の約3倍に当たる4850円の上場来高値を付けたのを機に、大半を売却して利益を確定しました。です

「優待グロース株」の選定基準「YOU-CAN-SLIM法」

●オニールの「CAN-SLIM投資法」の選定基準

C = Current Quarterly Earnings
直近の四半期のEPS(1株当たり純利益)が最低でも20%は増加し、「勢いよく成長している」

A = Annual Earnings Increases
過去5年間に年間の利益が増加し、意味のある成長が認められる。連続増益が望ましい

N = Newer Companies, New Products, New Management
新興企業、新製品、経営陣の入れ替えなどがあった

N = New Highs Off Properly Formed Bases
株価がボックス圏を抜けて年初来高値、昨年来高値、上場来高値などの新高値を付けている

S = Supply and Demand
発行済み株式数が少なく、株式の需給の法則から値上がりしやすい小型株である

L = Leader or Laggard
少なくとも業界の上位2、3社に入っていて、相場を主導する銘柄である

I = Institutional Sponsorship
有力な機関投資家が保有している

M = Market Direction
相場全体のトレンドが悪くなく、下降トレンドではない

●独自の基準

YOU = ゆー:優待のゆー

❶ 株価上昇のカタリスト(材料)となる、意味のある魅力的な優待が付いている
❷「配当+優待」の実質総合利回りが高い。できれば4.0%以上
❸「優待原価率」が適正で長期間無理なく継続できる内容である

S = Supply and Demand
日本株市場の特性を生かし、東証2部昇格&優待新設により近い将来の東証1部昇格が濃厚な銘柄を狙い撃ちす

M = みきまる銘柄であること
もともと自分のポートフォリオである「優待株いけす」に入っていて、いけす内を広く澄んだ、子供のような純粋で透明な目で見渡した時に、その総合戦闘力の高さから「自発的に」あたかも蛍光を発するように浮かび上がってくる銘柄である

が14年に改めて見た時に「あっ、YOU−CAN−SLIM法の条件を高レベルで満たしている」と気付き、再び主力に引き上げたのです。

物語コーポで2度目の大勝

まず優待は、総合利回りこそ4・0%未満だったものの、同社の店舗で使用できるので非常に魅力的です。当時の業績は、四半期のEPS（1株当たり純利益）が20%前後で増えており、まさに「勢いよく成長している」状態。焼肉きんぐでテーブルバイキング式の焼肉店の先駆者として業界をリードし、そのノウハウを生かして、すし・しゃぶしゃぶ専門店の「ゆず庵」という新業態を開発し、店舗展開を加速させてもいました。当時の時価総額は、今の約半分の300億円台。筆頭株主は、米資産運用大手フィデリティの中小型株ファンドでした。その後の4年間で株価は大きく上昇し、私の運用成績の向上に再び貢献してくれました。

14年の安値から 4.9倍に

物語コーポレーション(東1・3097)

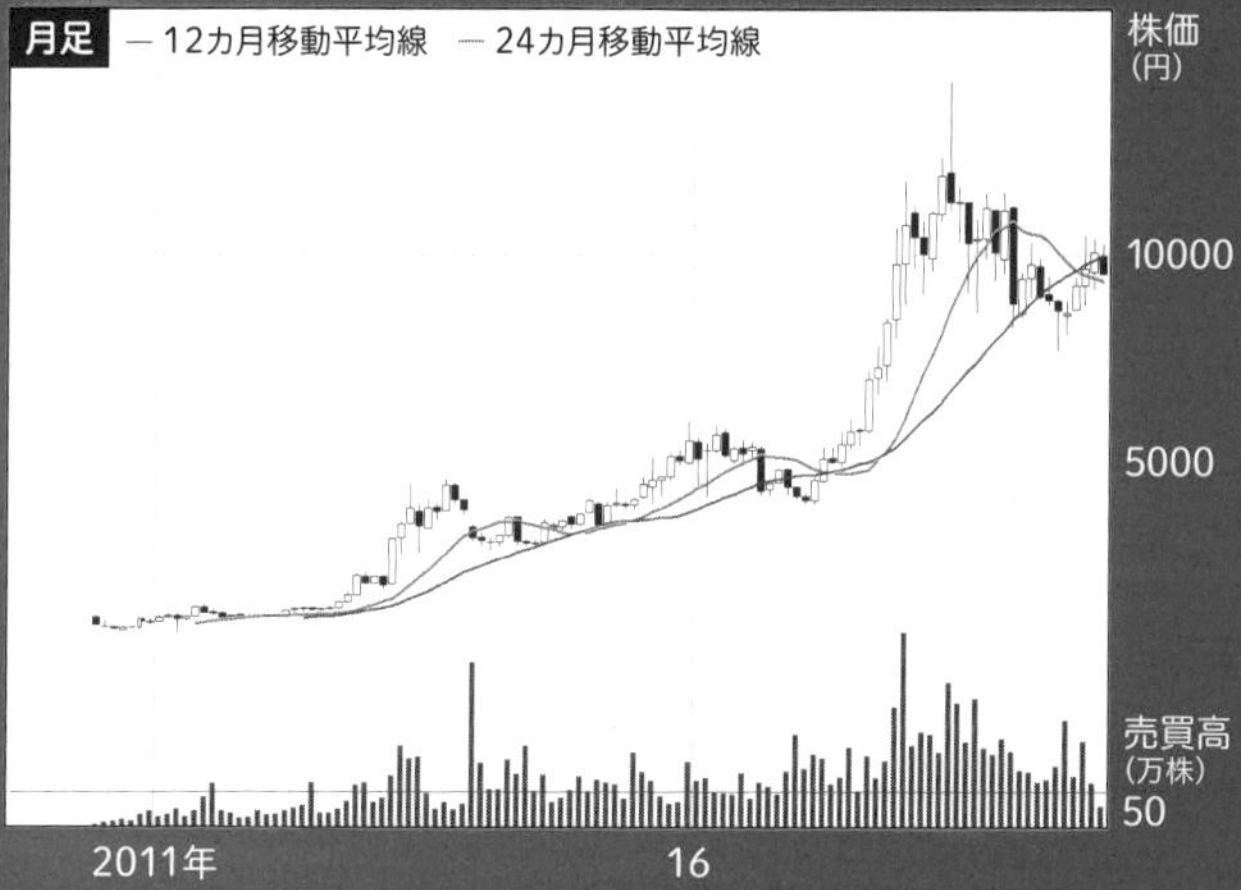

注:19年10月18日時点

このようにYOU－CAN－SLIM法は**戦闘力の高い優待グロース株の発掘**に力を発揮します。ぜひ参考にしてみてください。

point!

オニールの基準を応用すれば、大化けする優待グロース株が見つかる

77 優待バリュー株投資入門：chapter1-基本編-lesson6

chapter2

応用編

インデックスに勝つための秘密の8つの方法

1 優待ディープバリュー（割安）株投資を主軸にする

2 小型株効果を利用する

3 “パクリュー投資”を実践する

4 常に意味のある勝負に出る。同時に心配になるほど大きな金額を投じる

5 マーケットタイミングを計らずに、常にフルインベストメントで臨む

6 リターンリバーサルとフレッシュモメンタム効果を使う

7 相場のモメンタム（勢い）を追い風にする

8 売却と損切りの適切なタイミングを学び続ける

lesson7

個人投資家の弱みを強みに変える小型株効果を活用しよう

機関投資家だけでなく個人投資家の多くも、TOPIX（東証株価指数）などのインデックス（指数）を、自分の運用成績が良好か否かを把握するベンチマーク（運用の指標）にしています。**インデックスを上回るために私が実践している秘密の8つの方法**を、応用編で紹介していきます。

運用する人が自分の裁量で個別株を選別して売買する「アクティブ投資」の運用成績は、インデックスに連動するように運用する「インデックス投資」を上回ることはまずない。こうした言説が広まり、インデックスに連動する投資信託やETF（上場投信）が世界中で人気を博しています。ですが、私自身は株式投資を2000年に始めてからの18年間、運用成績でTOPIXを上回り続けてきました。**アクティブ投資でインデックス投資に勝つことは特に難しいことではない**と確信しています。

数少ない確実な投資法

TOPIXに勝ち続けてこられたのは、83ページの表に示した秘密の8つの方法を実践してきたからにほかなりません。1番目にある「**優待ディープバリュー（割安）株投資**」については既に解説しましたので、2番目の「**小型株効果を利用する**」から説明していきます。

小型株効果とは、**小型株の運用成績が長期間では大型株を上回る**現象を指します。この事実は、確度の高いデータを明示した複数の論文で既に証明されています。株式投資の世界で「確実に有効な投資法」というのは少ないのですが、その稀《け》有《う》で貴重な投資法の一つが、この小型株効果なのです。

ちなみに、学問的な研究で有効性が確認されている投資法には、他に「**割安株効果**」と「**モメンタム効果**」があります。前者は**バリュー株投資**のことです。その内容や効果は既に解説しました。モメンタムは「勢い」を意味する英単語で、モメンタム効果は**株価の上昇の勢いを利用する投資法**になります。83ページの表に掲げた8つの方法をご覧いただくと、6番目と7番目にモメンタムという単語が入っています。6番目と7番目の方法を説明するレッスン11と12でモメンタム効果を詳述します。

3つの投資法の中では**小型株効果が最も強力**だと私は考えています。メディアやネットで見てきた限りでは、ここ日本のスゴ腕の個人投資家の中にも、小型株の売買に特化した人が異常なほど多いと感じています。彼らも小型株効果に気付き、それを利用したからこそ株式投資で成功し、大きな資産を築くことができたと言っていいでしょう。

インデックスに勝つための
秘密の8つの方法

1 優待ディープバリュー（割安）株投資を主軸にする

2 小型株効果を利用する

3 “パクリュー投資”を実践する

4 常に意味のある勝負に出る。同時に心配になるほど大きな金額を投じる

5 マーケットタイミングを計らずに、常にフルインベストメントで臨む

6 リターンリバーサルとフレッシュモメンタム効果を使う

7 相場のモメンタム（勢い）を追い風にする

8 売却と損切りの適切なタイミングを学び続ける

小型株効果の3つの理由

どれくらいの規模の銘柄が小型株なのか。これは人によって異なるでしょう。私の場合は**時価総額300億円以下**を目安にしています。小型株の運用成績が良い理由については、次の3つがあると考えています。

まずは**買い手の中心が個人投資家である**ことです。巨額の資金を運用する機関投資家が売買高の少ない小型株を買うのは困難なので、主な買い手は個人投資家になります。多くの**個人投資家に見過ごされている間は買い手があまりおらず、割安な価格で放置されがち**です。それが何らかのきっかけで人気化すると、既に株を持つ投資家が少ない、すなわち、売り手が少ないので、価格が一気に上昇しやすく、人気化した小型株は急騰する傾向が見られます。

2番目の理由は、小型株には**成長の初期段階、人に例えると幼少期にあるものが多い**ことです。業績を伸ばして成長すると、それに伴って株価も大幅に上

成長初期に買ったから大きく値上がりした

●資産拡大に貢献した過去の保有銘柄の株価推移

アイ・ケイ・ケイ(東1・2198)

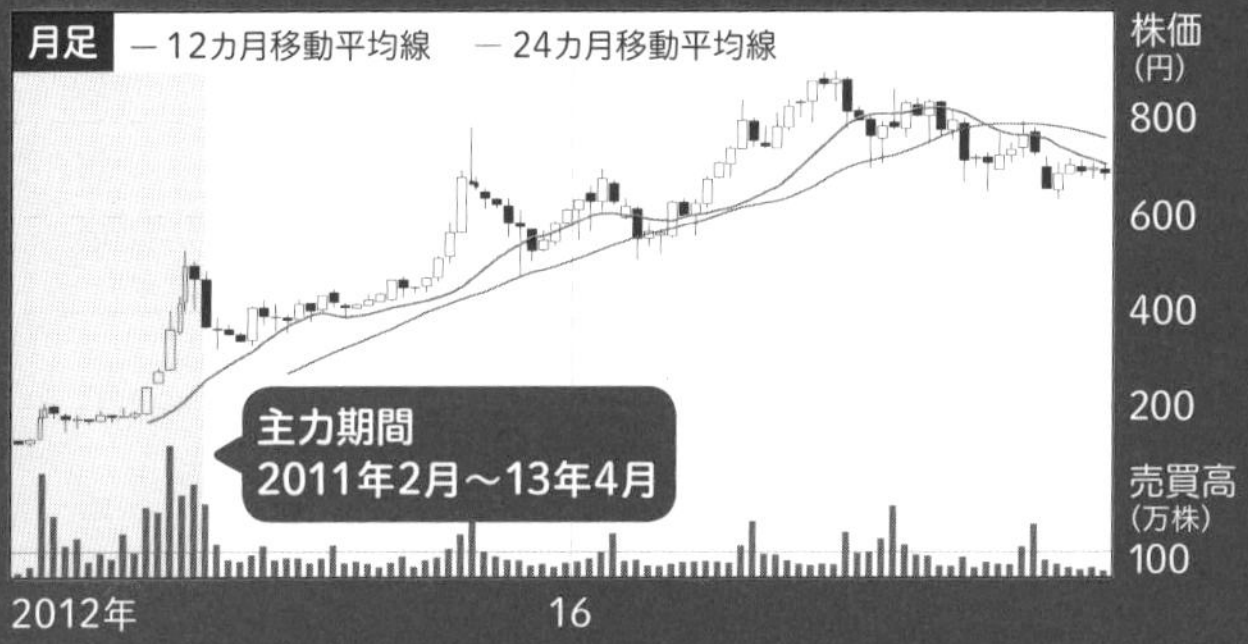

フジ・コーポレーション(東1・7605)

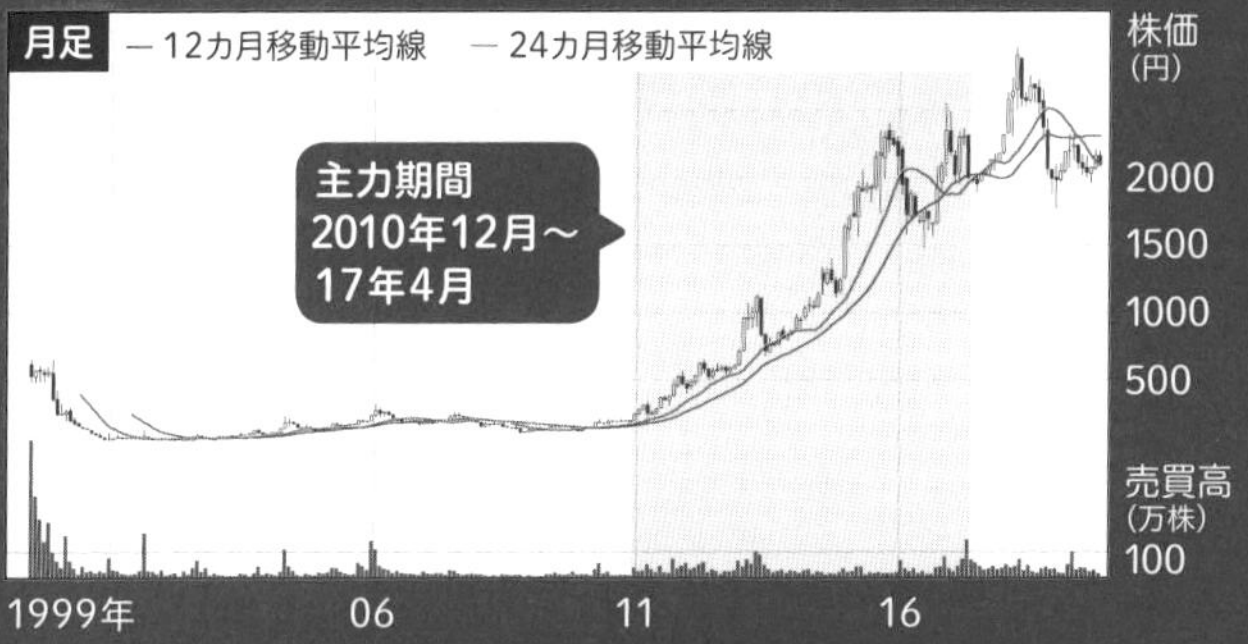

注：19年10月18日時点

昇します。既に企業として成熟して、人で言うと壮年期に入っている大型株には望めない大きな運用益が手に入ることがあります。

最後の3番目の理由は、小型株には**単一の事業を営んでいる中小企業が多い**ことです。そのため、事業の内容を理解しやすく、業績の進捗も把握しやすい。事業が多岐にわたって全容を把握しにくい大企業の大型株よりも、安心して長期間保有することができます。頻繁に売買しないので、売買手数料や税金の支払いがかさみません。この点も、小型株の運用成績を押し上げる要因になっていると思われます。

私も、成長の初期で時価総額が300億円以下だった時期に、ゲストハウスウエディング大手の**アイ・ケイ・ケイ（東1・2198）**、自動車のタイヤ・ホイールの専門店を展開する**フジ・コーポレーション（東1・7605）**、家庭用美容健康機器を製造・販売する**ヤーマン（東1・6630）**などを買って主力銘柄に据え、良好な運用成績を上げました。

現在も小型株効果を最大限に活用するため、時価総額300億円以下の小型株を数多くポートフォリオに組み入れています。88～89ページの表に示したように、保有上位10銘柄の半分の5銘柄が小型株です。いかに小型株に寄せたポートフォリオで勝負しているかがよく分かるでしょう。

大御所や論客もお墨付き

ここで、株式投資の世界の大御所や論客が小型株効果について言及した例を少し紹介しておきましょう。米ペンシルベニア大学経営大学院教授で、インデックス運用の普及に貢献したことで知られるジェレミー・シーゲル。彼は著書『株式投資第4版』(日経BP)の中で、次のように学者らしく慎重な言い回しで小型株効果の存在を認めています。

「小型株の利回りが大型株よりも高くなるという現象は、バラツキはあるが長期にわたり存続してきており、効率的市場仮説の観点からは説明が難しい」

「優待ディープバリュー株投資」の2つの基準　小型株効果の目安

11.25未満　4.0%以上　300億円以下

ミックス係数	配当利回り	優待利回り	総合利回り	時価総額
8.58	2.71%	0.27%	2.99%	2955億円
5.35	2.97%	1.14%	4.11%	1103億円
5.609	2.64%	0.92%	3.56%	73億円
3.9	3.13%	0.57%	3.71%	325億円
3.904	4.52%	0.00%	4.52%	36億円
3.52	1.31%	1.09%	2.41%	374億円
4.392	5.40%	3.31%	8.71%	2兆1604億円
9.49	2.03%	1.02%	3.05%	201億円
3.363	3.42%	2.19%	5.62%	286億円
8.418	1.89%	0.80%	2.69%	174億円

注：優待利回りは独自に調べた優待の価値(金額換算)を、最低優待取得金額(株主優待を獲得できる最低株数×株価)で割って算出

半分が時価総額300億円以下の小型株

●最主力と主力上位の銘柄

銘柄名（市場・コード）	事業概要	株価	PER	PBR
ユニバーサルエンターテインメント（JQ・6425）	パチスロ機大手	3685円	11.0倍	0.78倍
プレサンスコーポレーション（東1・3254）	分譲マンション中堅	1750円	5.0倍	1.07倍
サンセイランディック（東1・3277）	不動産販売	870円	7.1倍	0.79倍
三栄建築設計（東1・3228）	建売住宅の建築・販売	1533円	5.0倍	0.78倍
一蔵（東1・6186）	着物の販売・レンタル	664円	6.4倍	0.61倍
澤田ホールディングス（JQ・8699）	銀行・証券	914円	5.5倍	0.64倍
オリックス（東1・8591）	金融サービス	1631円	6.1倍	0.72倍
エコス（東1・7520）	中堅食品スーパー	1726円	7.3倍	1.30倍
第一交通産業（福証・9035）	九州地盤のタクシー最大手	730円	5.9倍	0.57倍
ロジネットジャパン（札証・9027）	総合運輸	2490円	6.9倍	1.22倍

注：19年10月18日時点。PER、配当利回りは日経予想、PBRは実績で算出。

次は株式の数量的分析の先駆者であるジェームズ・オショーネシー。彼も著書『大逆張り時代の到来』（パンローリング）で「救世主は小型株」と題する章を設けて、「**小型株は昔から大型株に勝っており、20年移動期間の平均リターンも3・12％高い**」などと記し、小型株効果の活用を提唱しています。

小型株効果を最大限に活用できるのは、我々個人投資家です。小型株効果を追求すれば、**資金量が少ないという弱みを強みに変える**ことができます。私の経験では、時価総額が小さいほど運用成績が良く、そのため、割安さや利回りなどで同じ評価の銘柄があれば、常に時価総額が小さい方を買います。個人投資家の最大の武器とも言える小型株効果を生かさない手はないでしょう。

point!

運用成績で大型株を上回る小型株効果は
数少ない有効な投資法の一つ

優れた投資家の模倣は有効な手段 心理的抵抗を払拭し実践しよう

ここでは、秘密の8つの方法のうち、3番目の「**〝パクリュー投資〟を実践する**」について説明します。まずは「パクリュー投資」の意味を紹介しましょう。これはインターネットで流布した、盗用の俗語である「ぱくり」と、割安株を意味する「バリュー」とを掛け合わせた造語です。**運用成績が良好な投資信託のファンドマネジャーや腕利きの個人投資家が保有する銘柄から、自分のバリュー（割安）株投資の条件に合ったものを見つけ出して買う**ことを指します。

パクリュー投資は、私が主軸としている「優待バリュー株投資」や「小型株効果」に匹敵する**高い成功率と再現性を兼備したエクセレントな投資法**です。株式投資の世界は、自分一人の力だけで戦うにはあまりにも深遠かつ広大です。そうした世界で勝ち残るためには、**優れた投資家のアイデアを拝借することをもいとわない柔軟な姿勢**が必要です。実際のところ非常に効率が良く、高い効果も得られます。

無料で大切なものを手中に

ここで、海外の一流のバリュー株投資家たちが一目置く論客の言葉を引用しましょう。バリュー株投資家向けの投資アイデアを提供している月刊ニュースレター「ザ・マニュアル・オブ・アイデアズ」の編集長、ジョン・ミハルジェビックが、著書『バリュー投資アイデアマニュアル』(パンローリング)の中で記したものです。ミハルジェビックは同書で1章を割いてウォーレン・バフェットらスーパーなバリュー株投資家のポートフォリオの模倣を推奨し、次のように書き記しています。

「優れた投資家からアイデアをもらうことは、真剣な投資家ならだれでも投資先を探すひとつの方法として行っている。投資の世界では、自社開発主義症候群（自社開発の技術ではないという理由で採用しない姿勢）ではやっていけない。結局、投資のアイデアに著作権はないし、ほかの投資家のまねをしても使用料を払う必要はない。時には、人生で最も大切なものがタダで手に入ることがある。投資にも同じことが言える」

ただし、ミハルジェビックは「**自分の通常の評価基準を満たすものだけを厳選してポートフォリオに加えるのが正しい戦略**」と記しています。パクリュー投資で損しても自己責任。模倣相手の非難は厳に慎まなくてはなりません。

有効であり続ける理由

ところで、これは個人的な考えなのですが、**パクリュー投資が有効であり続けているのは、実はそれを実行しきれる人が少ないから**だと思います。ですから、徹底できた人だけが大きく儲けられるのです。では、なぜ実行しきれる人が少ないのでしょうか。**「盗作は罪である」という人間の心理に深く根差した社会的倫理観を払拭することが難しいから**でしょう。罪悪感を拭いきれないから、パクリュー投資は意外に広がらず、それを実践する人はエッジ（優位性）を維持できるのだと考えています。

一方、**優れたファンドマネジャーや個人投資家の保有銘柄を調べるのは難しくはありません**。投信の組み入れ銘柄は月次リポートなどで公表されていますし、個人大株主になっている投資家の保有銘柄も大量保有報告書などの公開資料で調べられるからです。さらに個人の実力者には、ブログなどで保有銘柄を明らかにしている人もいます。ここでは、投信の組み入れ銘柄を対象にパクリュー投資の詳細を紹介しましょう。秘密にしておきたかったのですが、「本書を後世に残るものにするため、一切出し惜しみせず自分の投資家としてのベストをぶつける」という覚悟で臨んでいますので、包み隠さずに書きます。

ここ日本では、個別株を選別して売買するアクティブ型運用の投信で素晴らしい運用成績を上げ続けているものはそう多くはありません。97ページの表に掲げた6本は、そうした投信として私が定期的にチェックしている代表的な投信です。3本は、**資産運用会社の三井住友DSアセットマネジメントの辣腕ファンドマネジャー、苦瓜達郎さんが運用しているもの**。もう3本は、抜群の実力を持つ**投資助言会社のエンジェルジャパン・アセットマネジメントが運用を助言しているもの**です。いずれも、長期にわたってインデックスを大きく上回る運用成績を上げ続けています。

まずはこれらの投信の**月次や週次のリポート**をウェブサイトで見て、**組み入れ上位の銘柄の顔ぶれや組み入れ比率に変動がないか**を入念にチェックします。さらに注意深く調べるのが、投信の決算期に応じて年1~4回の頻度で出される「**請求目論見書**」です。月次・週次のリポートと同様にウェブサイトで公表されているので、誰でも無料で見られます。月次・週次リポートには組み入

定期的にチェックしている主な投資信託

名称	運用会社
ニッポン中小型株ファンド	三井住友DSアセットマネジメント
大和住銀日本小型株ファンド	
J-Stockアクティブ・オープン	
SBI中小型割安成長株ファンド ジェイリバイブ	SBIアセットマネジメント
SBI中小型成長株ファンド ジェイネクスト	
SBI小型成長株ファンド ジェイクール	

三井住友DSアセットマネジメント：シニア・ファンドマネージャーの苦瓜達郎さんが運用

SBIアセットマネジメント：エンジェルジャパン・アセットマネジメントが運用助言

注：情報は19年10月18日時点

この6本は、アクティブ型運用で抜群の好成績を上げています！

れ上位の銘柄しか掲載されませんが、請求目論見書には、特定の時点の全保有銘柄が掲載され、簿価単価（平均購入単価）まで載っています。これらの資料に掲載された銘柄をチェックして、「この銘柄は確かに割安で値上がりが期待できる」と判断したものを、自分の監視銘柄リストに入れたり、実際に購入したりします。この作業を具体例を挙げてさらに詳しく説明しましょう。

苦瓜さんが運用する「ニッポン中小型株ファンド」の月次リポートをチェックして、ファミリーマンションと投資家向けの賃貸ワンルームマンションを開発・販売する**プレサンスコーポレーション（東1・3254）**が、2018年6月末時点に組み入れ比率3・2％で組み入れ1位になったことに気付きました。ファンドの直近決算の請求目論見書を調べると、18年2月末時点にはプレサンスの保有株数は25万株で組み入れ比率は1・01％、組み入れ順位は22位でした。そこから4カ月の間に約50万株を買い増しして、組み入れ比率を3・2％まで引き上げたことが分かりました。

株価指標で見て割安で、業績も安定的に伸びる

●株価の推移と主な指標

プレサンスコーポレーション（東1・3254）

株価	1750円	PER	5.0倍
PBR	1.07倍	ミックス係数	5.35
配当利回り	2.97%	優待利回り	1.14%
総合利回り	4.11%	時価総額	1103億円

「優待ディープバリュー株」の2つの基準

ミックス係数（PER×PBR）＜11.25

総合利回り（配当利回り＋優待利回り）≧4.0%

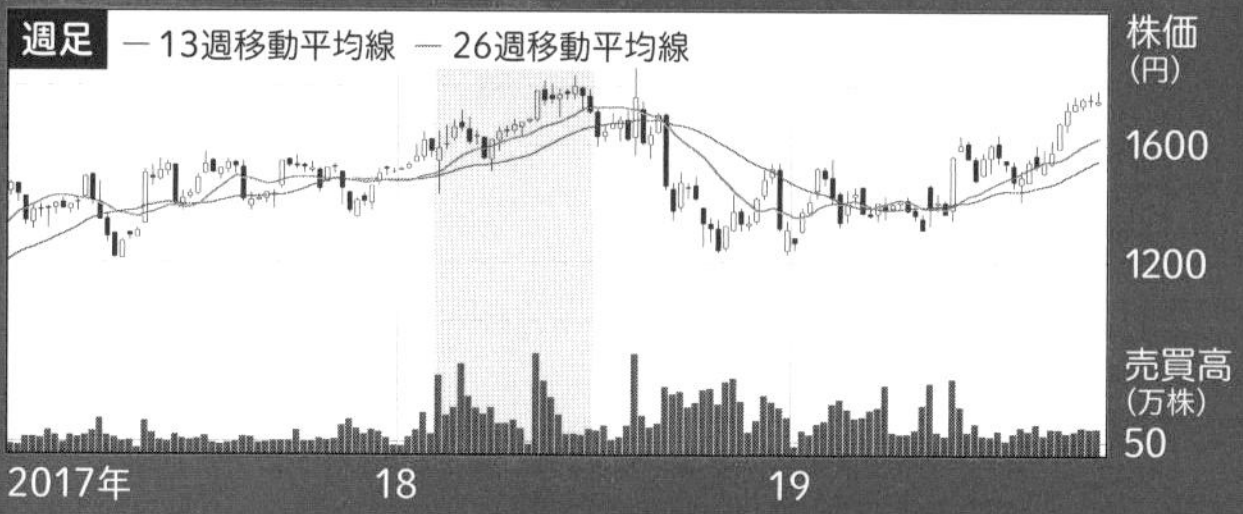

●業績の推移

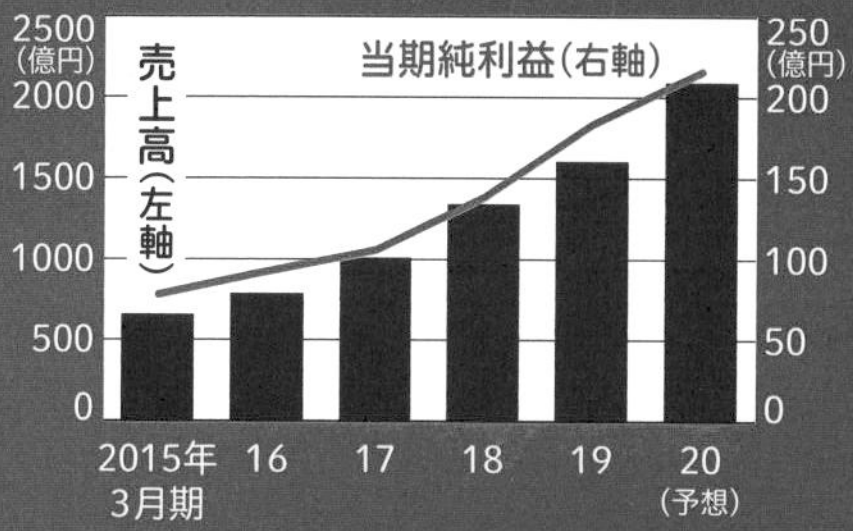

注：19年10月18日時点。PER、配当利回りは日経予想、PBRは実績で算出。優待利回りは独自に調べた優待の価値（金額換算）を、最低優待取得金額（株主優待を獲得できる最低株数×株価）で割って算出

ＩＲと話して裏付けを取る

この4カ月間にプレサンスの株価はほぼ1500〜1800円の間のボックス圏で推移しています。「今から買っても、日本有数のバリュー株投資のファンドマネジャーが非常に割安と判断した価格帯で購入できる」と思い、プレサンスの分析を進めました。株価指標を見ると、予想PERと実績PBRを掛けて求める**ミックス係数は、私の基準である11・25の半分近く**と非常に割安でした。業績面でも大きくぶれやすいマンションデベロッパーの中では異例の存在で、07年12月の上場以来、期初の経常利益予想を達成できなかったことが一度もありません。

同社の**ＩＲ（投資家向け広報）担当者と電話で話した**ところ、「当社は主要駅の近くにいい土地があったらすぐに買い、用途などは後で決める。初動が早いので、用地取得で他社を圧倒している」と聞きました。マンションの完成までに完売する営業力を誇るなど、同業他社に対する競争力もあると判断。同社の株を大きく買い増しして最主力銘柄の一角に据えました。折しも**スルガ銀行（東1・8358）**の不適切融資問題を受けて投資用不動産を手掛ける会社の株は敬遠されて、一斉に大きく下がりました。プレサンスも例外ではありませんが、これは市場の過剰反応で、プレサンスの経営は好調を維持しています。その後、株価は見直され、19年10月18日時点では上場来高値の更新が視野に入る1800円近くまで上昇しています。

point!

株式投資で勝ち残るため、優れた投資家の模倣もいとわずに実践する

lesson9

リスクなくして儲けなし
心配になる金額で集中投資する

「常に意味のある勝負に出る。同時に心配になるほど大きな金額を投じる」

秘密の8つの方法のうち、4番目に掲げたこの方法について説明しましょう。

この言葉は、実は私自身のものではありません。最も尊敬している投資家であるマックス・ギュンターが1976年に出版した名著『マネーの公理』（日経BP）の中にある名言を簡略化したものです。ギュンターは、英国生まれの作家兼ジャーナリスト。かつて投機筋として暗躍し、「チューリヒの小鬼たち」と呼ばれた金融マフィアの一人の子供で、自身も13歳で株式投資を始めて財を成したといわれています。

『マネーの公理』は、ギュンターが父親から伝授された**「チューリヒの小鬼たち」のノウハウと教訓を書き記した、いわば投機の教科書**です。私がこの本を手に取ったのは、個人投資家としてレベルアップするために新たな取り組みを始め、そのことで不安に駆られて苦しんでいた時でした。

分散投資に疑問を抱く

先述したように、私は特定の投資家や投資信託の売買をまねする「コバンザメ投資」を手掛け、投資家としての一歩を踏み出しました。最初は、澤上篤人さんが創設したさわかみ投信の「さわかみファンド」が組み入れた銘柄を主に購入していたのです。その後、魅力的な株主優待が手に入る優待株に魅了されて優待株を売買するようになり、徐々にさわかみファンドのコバンザメ投資から脱却していきました。そして2004年に「優待バリュー株投資」を確立し、投資家として独り立ちを果たしたのです。

しかし、その後も投信のように数多くの銘柄に分散投資する点はしばらく変わりませんでした。世の中に出回っている株式投資の指南書の多くには、「株式投資には高いリスクが伴います。**リスクを低減するためには分散投資が重要**です」と書かれていたからです。

「**卵は一つのカゴに盛るな**」という投資格言を目にしたことのある方も多いでしょう。確かに、カゴを落として卵が全部割れてしまったら悲惨です。実際、投資家として駆け出しのヒヨッコだった時に大きな損失を被らずに済んだのは、分散投資をしていたことが大きかったと思います。

ですが、自立した投資家として優待バリュー株投資をしているうちにふと思ったのです。「あれっ、何かおかしくないか。**分散投資は安全で損をしにくいのは確かだけど、これではいつまでたってもガツンと大きく資産が増えることもないんじゃないか**」と。

分散投資に対して疑問を抱いた私は、**リスクは高いけれども、主力株に昇格**

させた銘柄には思い切って資金を大きく投入して、勝負を仕掛けようと決心しました。ちょうどその頃です。05年10月、あるニュースが目に留まりました。それは、現代美術品の販売を主力とする**アールビバン（JQ・7523）**の優待新設の発表でした。

最大のチャンス到来に興奮

同社が運営していた三重県鳥羽市のリゾート施設「タラサ志摩 ホテル&リゾート」（18年10月に大江戸温泉物語グループに売却）の宿泊無料券（2名1室）と平日限定無料宿泊券（同）などを、100株以上1000株未満の株主には1枚ずつ、1000株以上の株主には2枚ずつ、年2回贈呈するという太っ腹な内容です。見た瞬間、興奮を抑えきれませんでした。「これは最大のチャンス。配当利回りと優待利回りを合算した総合利回りがあり得ないほど高い。優待愛好者が殺到するはずだ。すぐ買えばローリスクで大きく儲かる」

当時の運用資産の約4分の1に相当する額を投じて、アールビバンの株を買い集めました。そしてこの大勝負を記録に残しておきたいという強い思いが湧き、ブログの執筆を始めたのです。しかしこの大勝負で、経験したことのない極度のプレッシャーを感じ、文字通り眠れない日々が続きました。その時に手にしたのが、発売されたばかりの『マネーの公理』の日本語版だったのです。

ギュンターの名言を刻み込む

同書で最も印象に残ったのが「副公理Ⅰ　いつも意味のある勝負に出ること。」について書かれた部分です。少し紹介しましょう。

「システムを打ち負かす唯一の方法は、勝負に出ることだ。負ければ破産するような金額を賭けろと言っているのではない。傷つくことを恐れていてはいけない、という意味である。（中略）少しでもいいから、心配になるような金額を賭けるのだ」

超太っ腹の優待新設を受けて大勝負に出た

アールビバン(JQ・7523)

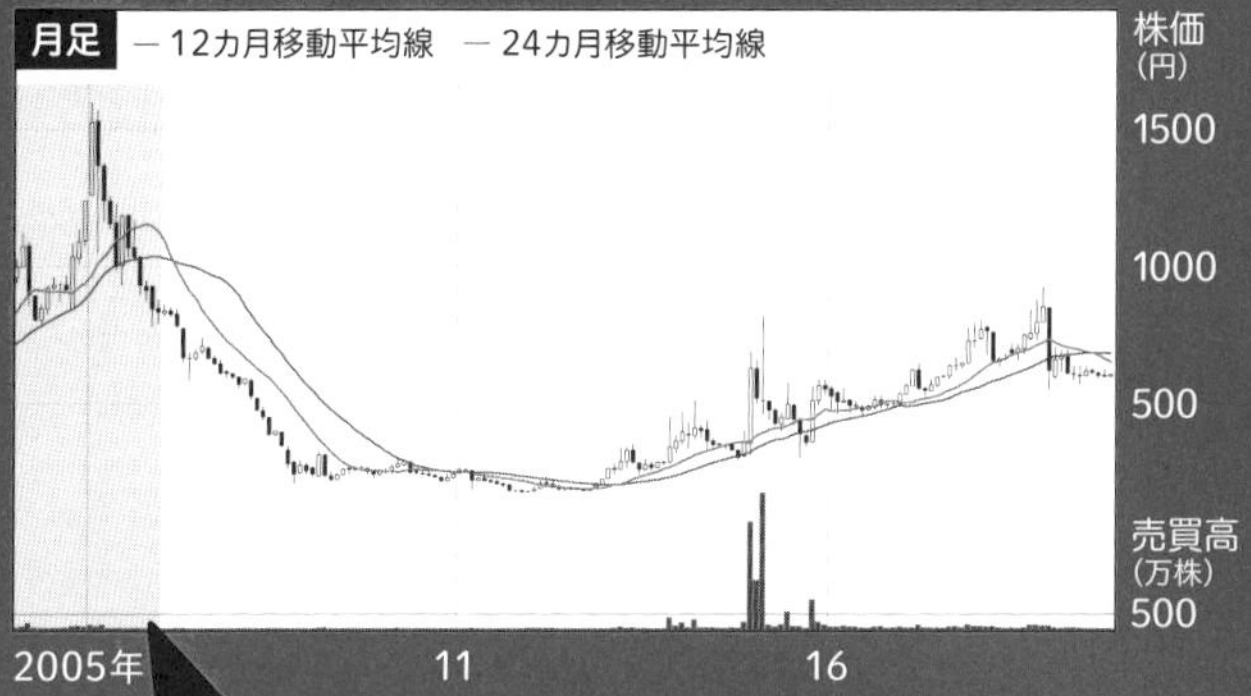

●過去の業績推移

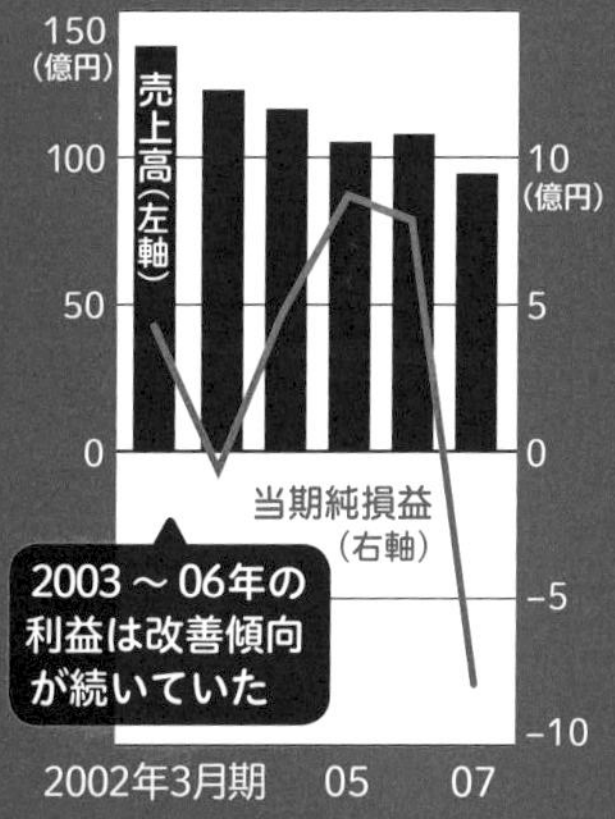

さらに、次のような言葉の数々にも心を揺さぶられました。

「大人なら誰もが知っているように、人生はすべてギャンブルである」

「給与や賃金収入でも金持ちになることはない。不可能だ。世界の経済構造は、あなたの不利になるようにできている」

これらの言葉で腹をくくった私はアールビバンでの大勝負を戦い抜き、「数カ月で数百万円」という当時の自分にとっては巨額の利益を手中に収めました。以来、『マネーの公理』を何十回と読み返して名言の数々を常に胸に刻み、勝負に挑んできました。時々の最主力銘柄に集中投資して、結果として大きな利益を計上。2000年に株式投資を始めた時には想像もしなかった地平にたどり着くことができたのです。ギュンターの名言の後押しなくしては今の私はない。こう言っても過言ではないでしょう。

なお、1銘柄に投入する金額の上限は、現代最高のモメンタム投資家であるマーク・ミネルヴィニのルールに倣って、ポートフォリオの25％を意識して決

海外カジノリゾートの収益拡大に期待

●株価の推移と主な指標

ユニバーサルエンターテインメント(JQ・6425)

株価	3685円	PER	11.0倍
PBR	0.78倍	ミックス係数	8.58
配当利回り	2.71%	優待利回り	0.27%
総合利回り	2.98%	時価総額	2955億円

「優待ディープバリュー株」の2つの基準

ミックス係数(PER×PBR)<11.25

総合利回り(配当利回り+優待利回り)≧4.0%

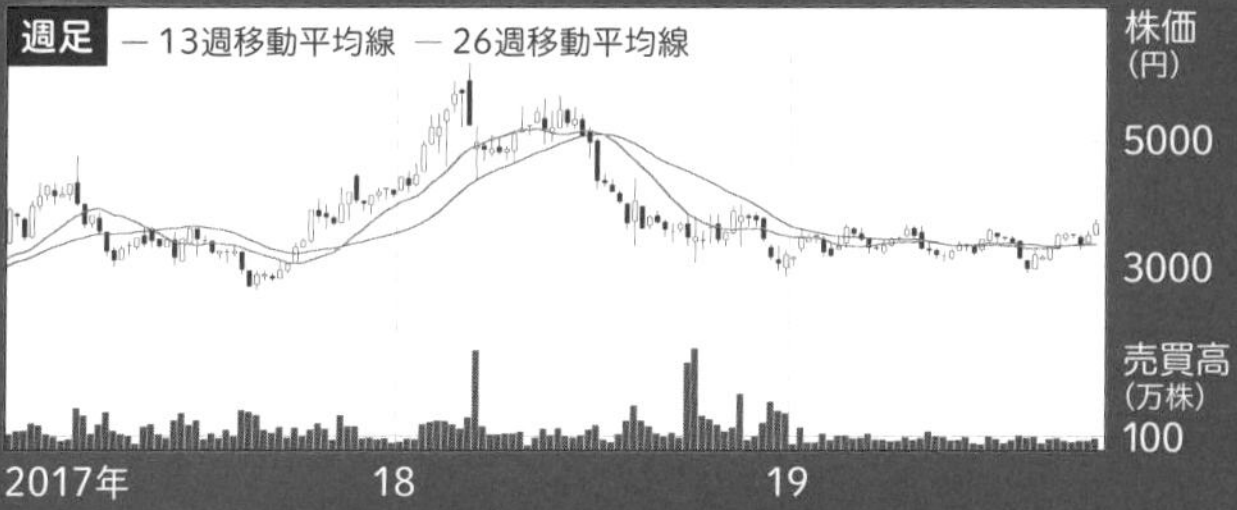

●業績の推移

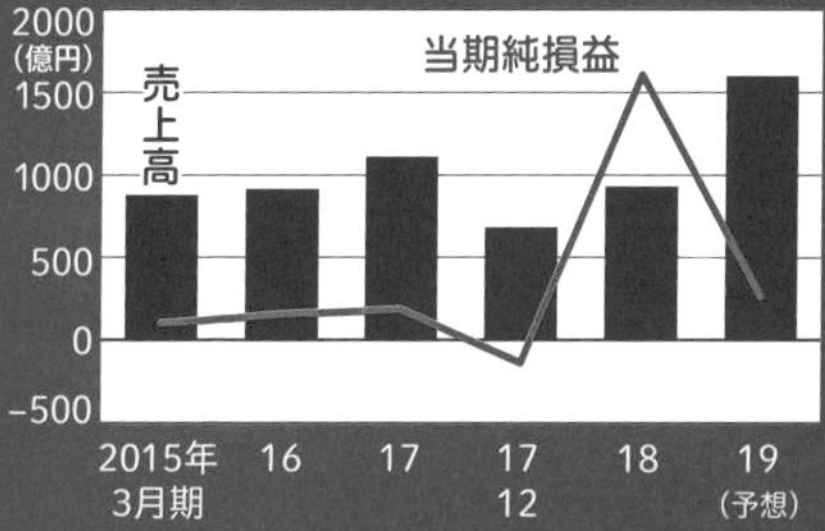

注:19年10月18日時点。PER、配当利回りは日経予想、PBRは実績で算出。優待利回りは独自に調べた優待の価値(金額換算)を、最低優待取得金額(株主優待を獲得できる最低株数×株価)で割って算出

めています。現在の最主力銘柄はパチスロ・パチンコ機の大手メーカーの**ユニバーサルエンターテインメント（JQ・6425）**ですが、時価評価額で主力20銘柄の合計の24%を占めています。

point!

株式投資で資産を大きく増やすには勝負株への集中投資が欠かせない

111　優待バリュー株投資入門：chapter2-応用編-lesson9

lesson10

凡人に市場の先行きは予測できない資金を注ぎ込んで上昇を待とう

「マーケットタイミングを計らずに、常にフルインベストメントで臨む」

これが、秘密の8つの方法の5番目です。「株価はこれからもっと下がるから、今は運用資産に占める現金の比率を高めるべきだ。決して急いで株を買うべきではない」。昨今、ツイッターなどのSNS（交流サイト）でこうした書き込みをよく目にしますが、参考にすべきではないと私は思います。

なぜでしょうか。それは、**マーケットタイミングを計る、すなわち、株式市場の先行きを予測して株を売買することを前提にしている**からです。全体相場の下落を想定して運用資産の現金比率を高めておき、実際に下がった時に受けるダメージを低減すると同時に、全体相場の下落に伴って割安になった銘柄の購入資金に充てる。一見、非常に賢明な対応に感じられますが、そもそも株式市場の先行きを予測することは可能なのでしょうか。ごく一部の天才的なトレーダーにはできるのかもしれませんが、多くの凡人には**全体相場が上がるか下がるかを事前に予想することはできない**と私は考えています。

2人の賢人が示した卓見

「そうだろうか」と疑問に思われる方に納得していただくために、賢人たちの言葉を引用しましょう。1990年にノーベル経済学賞を受賞したウィリアム・シャープ米スタンフォード大学教授は、膨大な統計分析に基づいて次のように主張しました。

「**『マーケットタイミング』戦略を用いても、長期的には、4%の追加リターンを得ることは難しい**。しかも、その各年の相場の方向についてかなり正確に予測できなければ（10回のうち7回以上正解という程度）、**マーケットタイミング戦略はそもそも採用しない方がよい**」

各年の相場の方向を7割の確率で予測するのは、ほぼ不可能と言っていい条件です。マーケットタイミング戦略がいかに困難かを示しています。

また、インデックスに連動する投資信託を購入するインデックス投資の理論的支柱の一人であるチャールズ・エリス氏は、世界的なロングセラーとなった著書『敗者のゲーム』（日本経済新聞出版社）にこう書き記しています。

「過去109年間で、**ベスト10日を逃しただけで、この間の利益の3分の2を失う**という。長期的に見て投資家が失敗する原因の一つは、激しい下げ相場に遭遇してパニックに陥り、上記のような最大の上げ相場に参加する機会を自ら放棄してしまうことだ。**投資家は、『稲妻が輝く瞬間』に市場に居合わせなければならない。**相場のタイミングに賭ける投資は間違っており、決して考えてはいけない」

稲妻が輝く瞬間に市場に居合わす

つまり、下げ相場を警戒して大きな上げ相場に参加する機会を逃さないためにも、市場に参加し続けることが必要なのです。実際、冒頭のような書き込みはアベノミクス相場が始まって2年が経過した2015年から散見されてきました。ですが、15年8月のチャイナ・ショック、16年1月の世界同時株安、18年2月のVIXショックと大きな調整に何度か直面しながらも、日本株は18年10月に日経平均株価がバブル崩壊後の最高値を付けるまで上昇しました。

その過程では、16年11月の米大統領選でドナルド・トランプ氏が当選した後や17年10月に衆院選で自民党が大勝した後などに、まさに「稲妻が輝く瞬間」と呼ぶべき全体相場の急騰がありました。私は運用資産を全て株に投じた**フルインベストメント状態で市場に参加し続けたので、結果としてそれらの瞬間も逃さず、資産を大きく増やしました。**仮に15年に下げ相場を警戒する声に同調して現金比率を高めて運用資金を絞っていたら、**18年1月までの上昇相場の恩恵に十分に浴せず、資産を大きく増やせなかった**でしょう。

一方、18年2月のVIXショックや同年10月以降の相場急落ではその直撃を受け、資産を大きく減らしました。でも、姿勢を変えようとは思いません。**凡人の私には相場の先行きを予想できない**からです。マーケットタイミングを計らず、愚直にフルインベストメント状態で市場に参加し続けます。

個別株の先行きも予測せず

大半の人には相場の先行きを予測できないにもかかわらず、そうしようとする人が後を絶たないのはなぜでしょうか。意識しているかどうかは別にして、多くの人が「**相場が上がるか下がるかはある程度は予測できる**」と考えているか、もしくは、「**相場の先を読まなければ株式投資で儲けられない**」と思い込んでいるからでしょう。

日本株は15～17年に
総じて上昇

●主要株価指数の推移

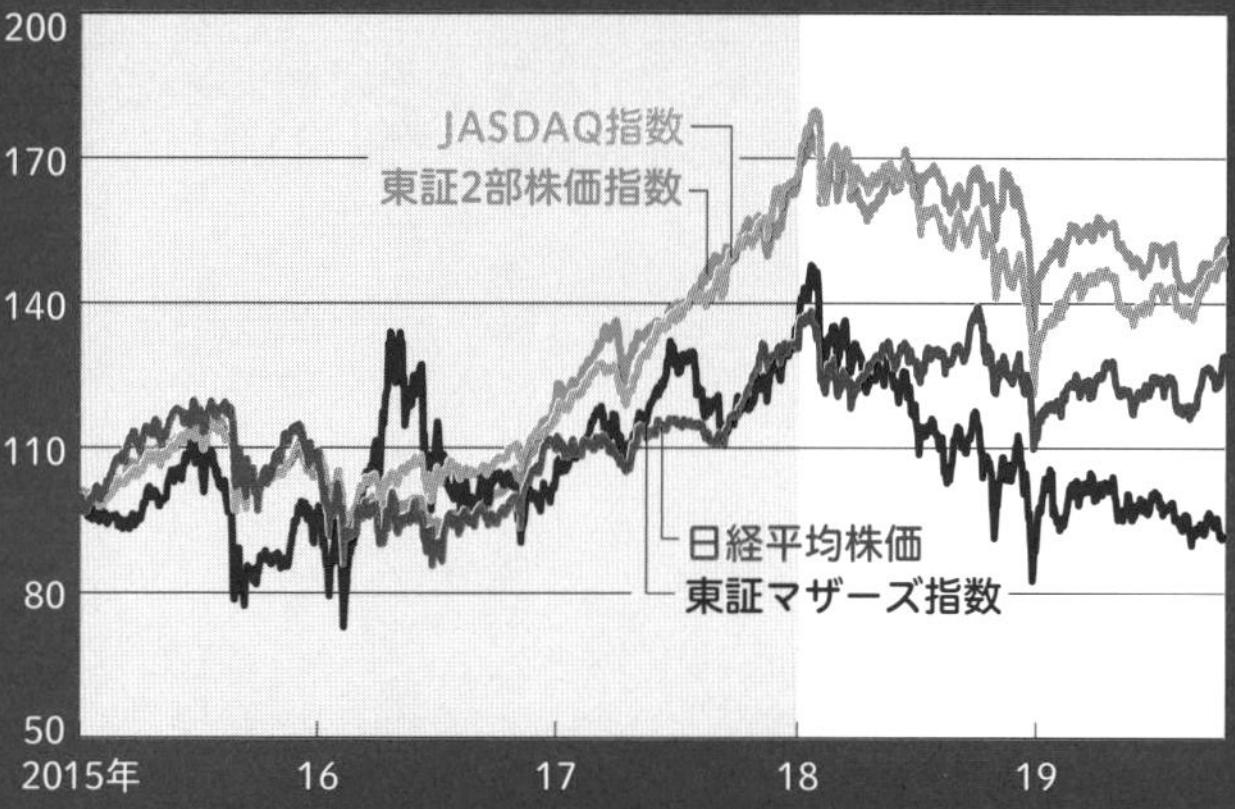

注：19年10月18日時点。15年最初の売買日の終値を100として指数化

幸いなことに、私は株式投資を始めた時からそうした過ちをせずに済みました。**常に株主優待が目当てで買いたい株がたくさんあり、お金があれば購入に充てて、ずっとフルインベストメント状態**だったからです（笑）。また、コバンザメ投資の対象としてフォローし、勝手に師匠と仰いでいた**さわかみ投信の澤上篤人さんの「株式市場は長期的に見れば企業の成長活動によって上昇していく」という言葉を素直に信じて、相場の先行きを読む必要もさほど感じていなかった**のです。その後に経験と研さんを積み、相場の先行きは読めないという考えは確信へと変わっていきました。

相場の先行きを予測しないのは、**優待バリュー（割安）株投資を主体としていることも大きい**と思います。保有している銘柄の大半は、バリュー株投資の始祖といわれる米国の大投資家ベンジャミン・グレアムが提唱した「PER（株価収益率）にPBR（株価純資産倍率）を掛け合わせたミックス係数が22・5未満」という基準の半分（ミックス係数が11・25未満）と、配当利回りと優待利回りを合算した総合利回りが4・0%以上という2つの基準を満たしています。**極めて割安に買っているので、価格が下がる余地が限られ、全体相場の下落に伴って下がってもすぐに値が戻る**ことが多い。実際、この2つの基準を満たす銘柄では大きな損を被ったことはほとんどありません。

他方、**価格を押し上げるカタリスト（材料）はあっても、いつ上昇するかまでは事前に分かりません**。この点を織り込み、株価が上がり始めるまでの間は、株主優待を楽しみながらじれずに過ごすことがこの投資法のポイントです。つまり、**全体相場だけでなく、個別銘柄の先行きも予測しないことを前提にした投資法**であるわけです。

売却した主力株を再購入

私が大きく利益を上げた銘柄の一つに、先に紹介した**物語コーポレーション（東1・3097）**があります。同社は焼肉店の「焼肉きんぐ」やラーメン店の

「丸源ラーメン」など複数の外食店舗を国内外で展開する会社です。11年から主力銘柄として保有。13年9月に買値の約3倍で売却した後、14年に再購入しました。**割高ではあったものの、成長力が突出した優待グロース（成長）株の条件を満たしていた**からです。総合利回りは4・0％未満でしたが、店舗で使用できる優待は魅力です。四半期のEPS（1株当たり純利益）も20％前後で伸びていました。

約3年の雌伏期を耐える

ですが、株価はなかなか上昇せず、途中で多くの保有者が「資金効率が悪い」と手放していきました。株価が上昇し始めたのは約3年後の17年。同年2月に焼肉店の競合の追随を振り切って引き離すため、新メニューを投入。これで既存店の月次売上高が好転したことがきっかけになりました。私は店舗を定期的に訪れ、接客などのサービスの質が依然として高く顧客満足度は下がっていな

14年の安値から
4.9倍に

物語コーポレーション（東1・3097）

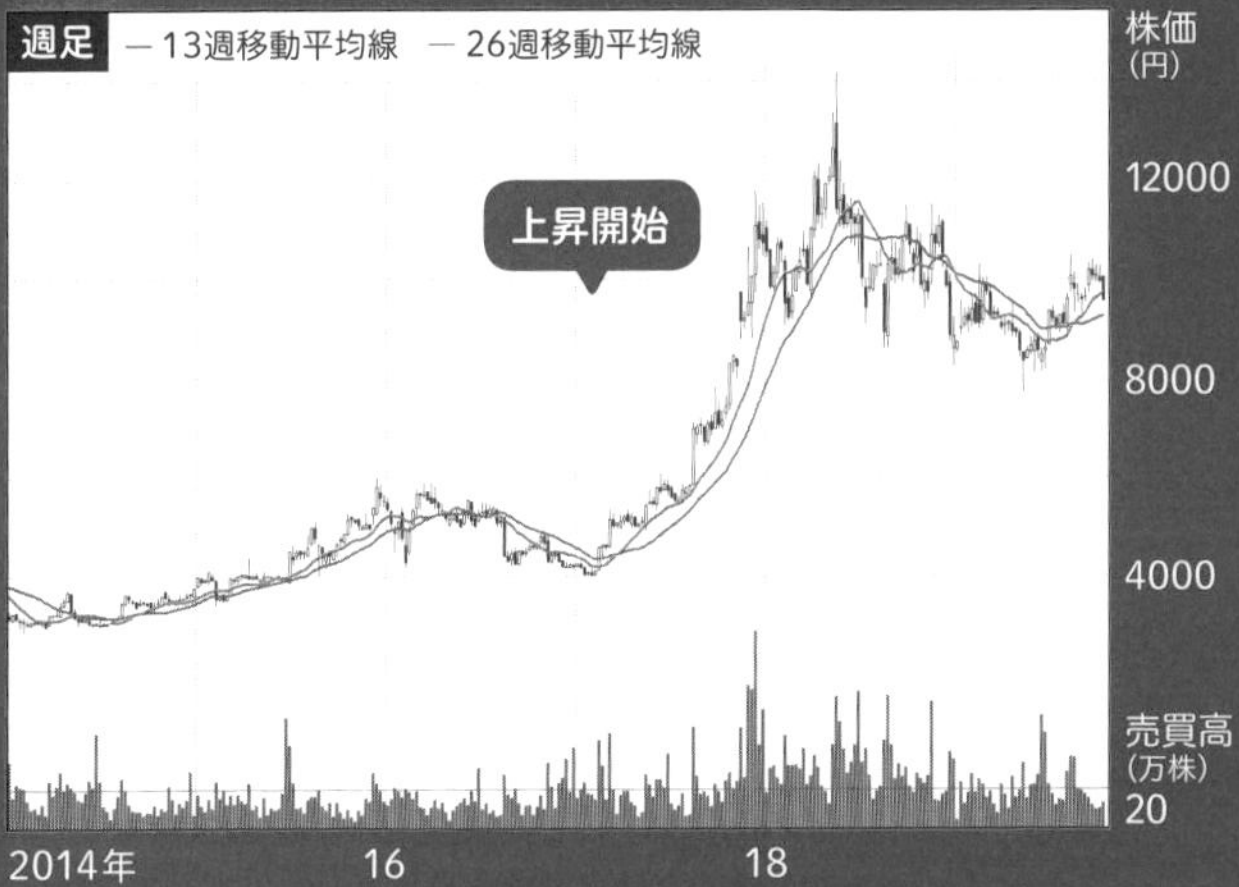

注：19年10月18日時点

いことを確認する一方、競争の激化で月次売上高が悪化していることを懸念していました。いつか何らかの手を打つだろうと思っていましたが、内容や時期まではもちろん事前に予測できません。**辛抱強く持ち続けたことが報われました。**こうした成功を再び手にするためにも、マーケットタイミングを計らずにフルインベストメントを貫いていきます。

point!

株式市場の先行きを予測した投資は困難であり、実施すべきではない

123 優待バリュー株投資入門：chapter2-応用編 - lesson10

2つの作用で割安な株価が反発する逆張り投資の効用を売買に生かす

「リターンリバーサルとフレッシュモメンタム効果を使う」

秘密の8つの方法の6番目を説明します。**リターンリバーサル**と**フレッシュモメンタム効果**は、両方とも**逆張り投資**に関係するものです。逆張りとは、特定の銘柄や全体相場が下落している時に買い向かったり、人気のない銘柄を購入したりというように、**相場に逆らう形で銘柄を仕込む**ことを指します。一方で、特定の銘柄や全体相場が上昇している時に購入したり、人気の銘柄を買ったりというように、**相場の流れに乗る形で銘柄を買い進めることを順張り**と言います。

著名投資家も逆張りが多い

逆張り投資家の英語は「コントラリアン」で、元来は**大勢とは反対の行動を取る人**を意味します。著名な投資家の多くも、逆張りを得意としています。例えば**ウォーレン・バフェット**は、株価が安値の時に大量に買い付けるので、典型的な逆張り投資家です。他にも、倒産寸前で株価が極めて安くなった会社の株に分散投資をして財を成し、国際分散投資の始祖と呼ばれる米国の伝説のファンドマネジャー、**ジョン・テンプルトン**、世界を旅して自分の目で現地を見て投資する「冒険投資家」の異名を持ち、誰も目を向けなかった時から新興国株を買い集めてきた**ジム・ロジャーズ**など、枚挙にいとまがないほどです。

「**強気相場は悲観の中で生まれ、懐疑の中で育ち、楽観とともに成熟し、陶酔の中で消えていく。悲観の極みは最高の買い時であり、楽観の極みは最高の売り時である**」

筋金入りの逆張り投資家で、この有名な投資格言を残したテンプルトン。彼には、他にも逆張りについて数々の金言があります。

金言1「大多数の人々と違うことをしなければ、高いパフォーマンスを上げることはできない」

金言2「皆が売ろうとしている時に買い、皆が買おうとしている時に売るのは強靭《きょうじん》な精神力が要る」

金言3「皆と同じ証券を買えば、皆と同じパフォーマンスになる」

金言4「銘柄選定の特定の手法が脚光を浴びたら、それ以外の手法に変更すべきである。皆と同じことをしていては、平均以上のパフォーマンスを上げることはできない」

金言5「いつも同じ資産を選んではならないし、いつも同じ銘柄選択手段を取ってはならない。投資家は常に柔軟でなければならず、固定観念にとらわれてはいけない。長期にわたって最大のリターンを確保するには、人気のある証券や手法から人気のないものにシフトする必要がある」

金言6「集団的意思決定によって高いパフォーマンスが得られることはない。自分独りで決めることだ」

ふー、さすがに逆張り投資の伝道師とも称される大投資家の言葉です。いずれも、心に染みわたる至言ですね。特に4番目と5番目の金言を受けて、私はここ数年ずっと自問し続けています。「自分が専門としている優待バリュー

（割安）株投資は有効であり続けているか」と。年を追うごとに、エッジ（優位性）が少しずつ失われてきているのは確か。「いつかは専門外である株主優待の付いていない銘柄の保有比率を引き上げざるを得ないかもしれない」と、その日の到来を覚悟しているのです。

さて、逆張り投資についてはこれまで様々な研究が行われてきました。その成果の一つが、統計分析の結果から先述のリターンリバーサルという現象の存在を突き止めたことです。これは、**一時期に市場平均（株価指数）よりも低迷していた株の価格は、その後の期間では逆に市場平均を上回るようになる**という現象です。本来の価値に比べて過小評価されて低迷していた銘柄の価格は、評価が見直されると、今度は過大評価されて一気に上昇することが多く、それがリターンリバーサルの発生パターンだと考えられています。

もう一つのフレッシュモメンタム効果は、2009年に米ミズーリ州セントルイスにあるワシントン大学のビジネススクール（経営大学院）のオハド・カダン教授ら3人の研究者が発表した学術論文で提唱された現象です。モメンタムとは、**株価や相場が上昇する勢い**を意味します。

カダン教授ら3人の研究者は、1926年から2006年までの米国株について調べて、「フレッシュウィナー（前の12カ月は最も強かったが、その前の12カ月は比較的弱かった株）」の価格上昇が、「ステールウィナー（前の12カ月もその前の12カ月も強かった株）」のそれを1カ月当たり0・43％上回ったという分析結果を提示しました。これによって、**ずっと価格上昇が続いている銘柄よりも、価格低迷から脱して上昇に転じた銘柄の方が、価格上昇の勢いで上回る**ことを明らかにしたのです。

逆張り銘柄をポートフォリオの上位に

ここで整理すると、何かの理由で過小評価されて市場平均を下回っていた銘柄の株価が、評価の是正に伴って市場平均を上回るようになるリターンリバーサル。低迷を脱して反発すると価格の上昇に弾みがつくフレッシュモメンタム効果。この2つの作用により、逆張りで買った銘柄は上昇が期待できます。私も、「今はある理由で価格が低迷しているが、将来に高い確率で反転して価格が上昇する」と見込んだ銘柄をポートフォリオの上位に据えています。

具体例を挙げましょう。10年頃に、PER（株価収益率）やPBR（株価純資産倍率）などの指標で見て割安なドラッグストア株が多く存在していました。「ドラッグストアの多くは、商圏が地盤に限定されて成長力に限界がある」と思われていたことが主因です。ですが、私の見立ては違いました。「ドラッグストアには、他業態を侵食するカテゴリーキラーの側面があり、総合スーパーなどから顧客を奪って成長する余地がまだまだある。指標で見てあまりにも割安な今は買い時だ」と考えました。そして、福井県が地盤のゲンキー（17年12月に持ち株会社Genky DrugStores＝東1・9267＝の上場に伴って上場廃止）、北海道が地盤のサッポロドラッグストアー（16年8月に持ち株会社のサ

相場に流れに逆らう “逆張り”投資で成功

●薬王堂のチャート

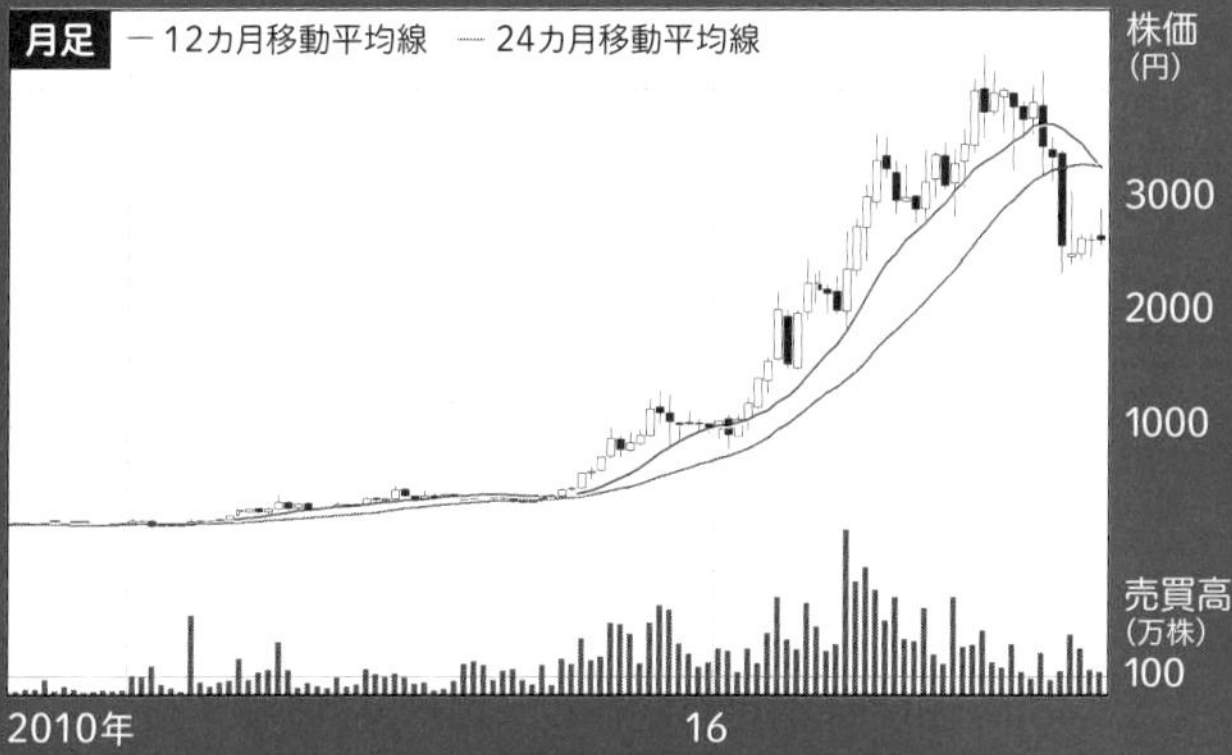

●TOPIXのチャート

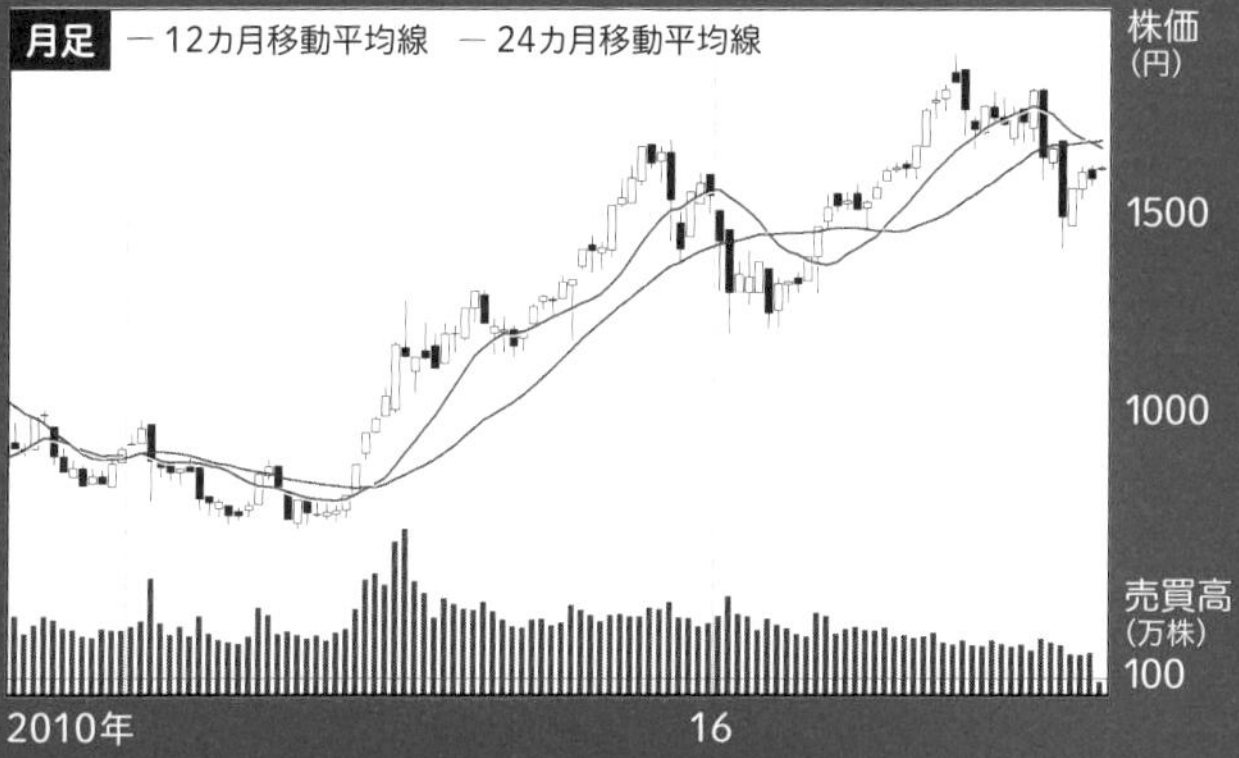

ツドラホールディングス＝東1・3544＝の上場に伴って上場廃止）、関西を地盤とするアライドハーツ・ホールディングス（10年10月にココカラファインホールディングスと経営統合してココカラファイン＝東1・3098＝として存続）、岩手県が地盤の薬王堂（19年9月に持ち株会社薬王堂ホールディングス＝東1・7679＝の上場に伴って上場廃止）などをポートフォリオの上位に並べたのです。いずれも投資家の評価を覆す高成長を続け、低迷していた株価も急騰。私は大きな利益を手にしました。

不人気の4業種に逆張り

今は、逆張り投資に適した業種として不人気の極みにある不動産、自動車部品、地方スーパー、地方銀行に着目し、これらの業種から選んだ銘柄をポートフォリオの上位に置いています。このうち地銀は、株価指標で見て割安で、魅力的な株主優待が付いている複数の銘柄をまとめてバルク（一括）で買いまし

不人気の極みにある 地方スーパーの銘柄を主力に

●株価の推移と主な指標

エコス（東1・7520）

株価	1726円	PER	7.3倍
PBR	1.30倍	ミックス係数	9.49
配当利回り	2.03%	優待利回り	1.02%
総合利回り	3.05%	時価総額	201億円

「優待ディープバリュー株」の2つの基準

ミックス係数（PER×PBR）＜11.25

総合利回り（配当利回り＋優待利回り）≧4.0%

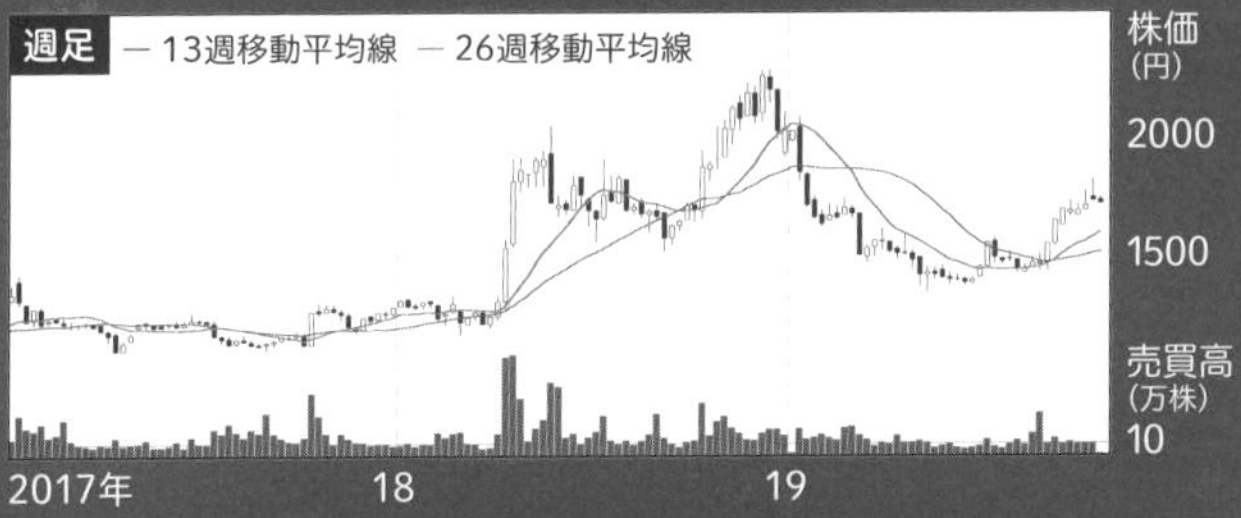

●業績の推移

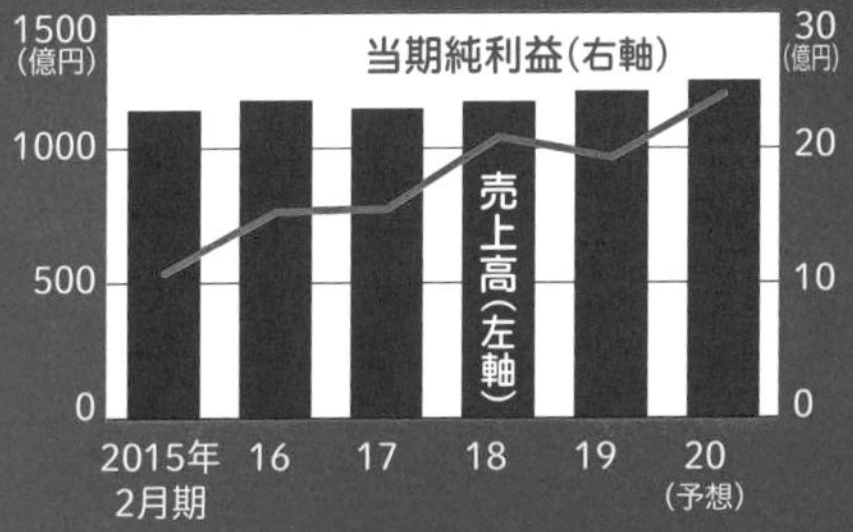

注：19年10月18日時点。PER、配当利回りは日経予想、PBRは実績で算出。優待利回りは独自に調べた優待の価値（金額換算）を、最低優待取得金額（株主優待を獲得できる最低株数×株価）で割って算出

た。貸借対照表（バランスシート）の中身がブラックボックスになっていて、財務の健全性の判断が難しいので、**バルクで買いでリスクを分散させた**形です。

注：テンプルトンの金言の出所は、『チャールズ・エリスが選ぶ「投資の名言」』（日経ビジネス人文庫）

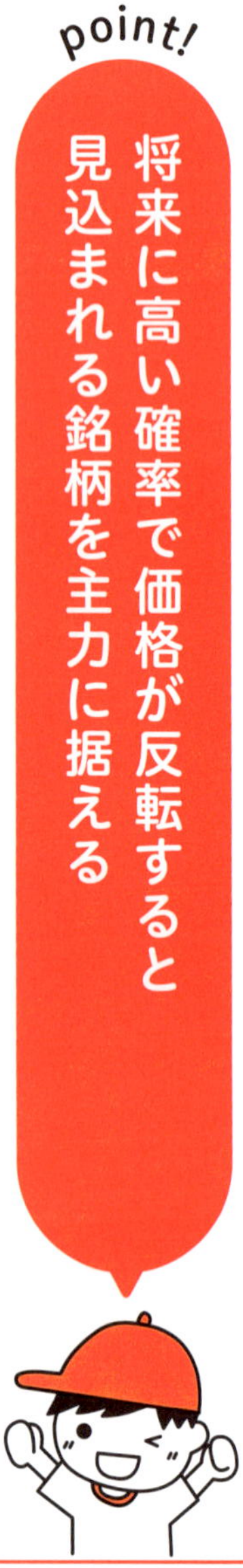
point!
将来に高い確率で価格が反転すると見込まれる銘柄を主力に据える

135　優待バリュー株投資入門：chapter2-応用編 - lesson11

lesson12 上昇する株は勢いで上がり続ける傾向が続く間は我慢して手放さない

「相場のモメンタム（勢い）を追い風にする」

8つの方法の7番目は、**モメンタム投資**の原理を利用するものです。モメンタム投資については、海外投資ブロガーの広瀬隆雄さんがブログに「15分でわかるモメンタム投資」と題した実に分かりやすい解説を書かれているので、その内容を紹介しましょう。

値動きだけを見て売買する

広瀬さんによると、**モメンタム投資とは、現在の株価のトレンド（傾向）が継**

続することを想定した投資戦略です。139ページのイメージ図のように、価格が右肩上がりに蛇行している銘柄があったとしましょう。折々の**底値を結び合わせて引いた直線（トレンドライン）が右方向に上昇している**のが見て取れますね。トレンドラインを描くには、底値が2つ以上必要です。多くの底値を結び合わせて描かれているほど、信頼性の高いトレンドラインになると広瀬さんは説明しています。このように**上昇傾向にある銘柄を買って、傾向が続く限り持ち続ける。傾向が解消したら売る。**これがモメンタム投資の基本です。

銘柄を買うのは、図のA地点のように、底値を付けた後に反発して上昇し前回の高値を超えた瞬間です。このポイントで買えなかったら、次に直近の高値を突破したB地点が新たな買いのポイントになります。一方、株価がトレンドラインを割り込んだC地点では、即座に売却することが求められます。このように、**上昇傾向にある銘柄を値動きだけを見て売買**します。会社の事業内容や業績の動向、株価が割安かどうかなど、**他の要素を一切考慮しなくても実行でき**

ます。身も蓋もないほどシンプルですが、実行しても失敗することが多い。その原因は大抵、**株価がトレンドラインを割り込んでも即座に売却できず、未練がましく持ち続ける**ことにある。その間に下がり続けて損失を被る。こう広瀬さんは喝破しています。**人間の心理的な作用が株式投資を難しいものにしている**ことが身に染みて分かりますね。

他の投資法よりも好成績

モメンタム投資が成立するのは、**上昇している株は上がり続け、下落している株は下がり続ける慣性の法則のような現象が起きる**ことが多いからです。この現象を利用して、下落傾向にある銘柄を空売りして儲けることも可能です。

モメンタム投資には高い効果があります。例えば、モメンタム投資を研究しているゲイリー・アントナッチは著書『ウォール街のモメンタムウォーカー』(パンローリング)で、米ロチェスター大学経営大学院教授のウィリアム・シュウェ

上昇傾向が続く株を売買する

●モメンタム投資のイメージ

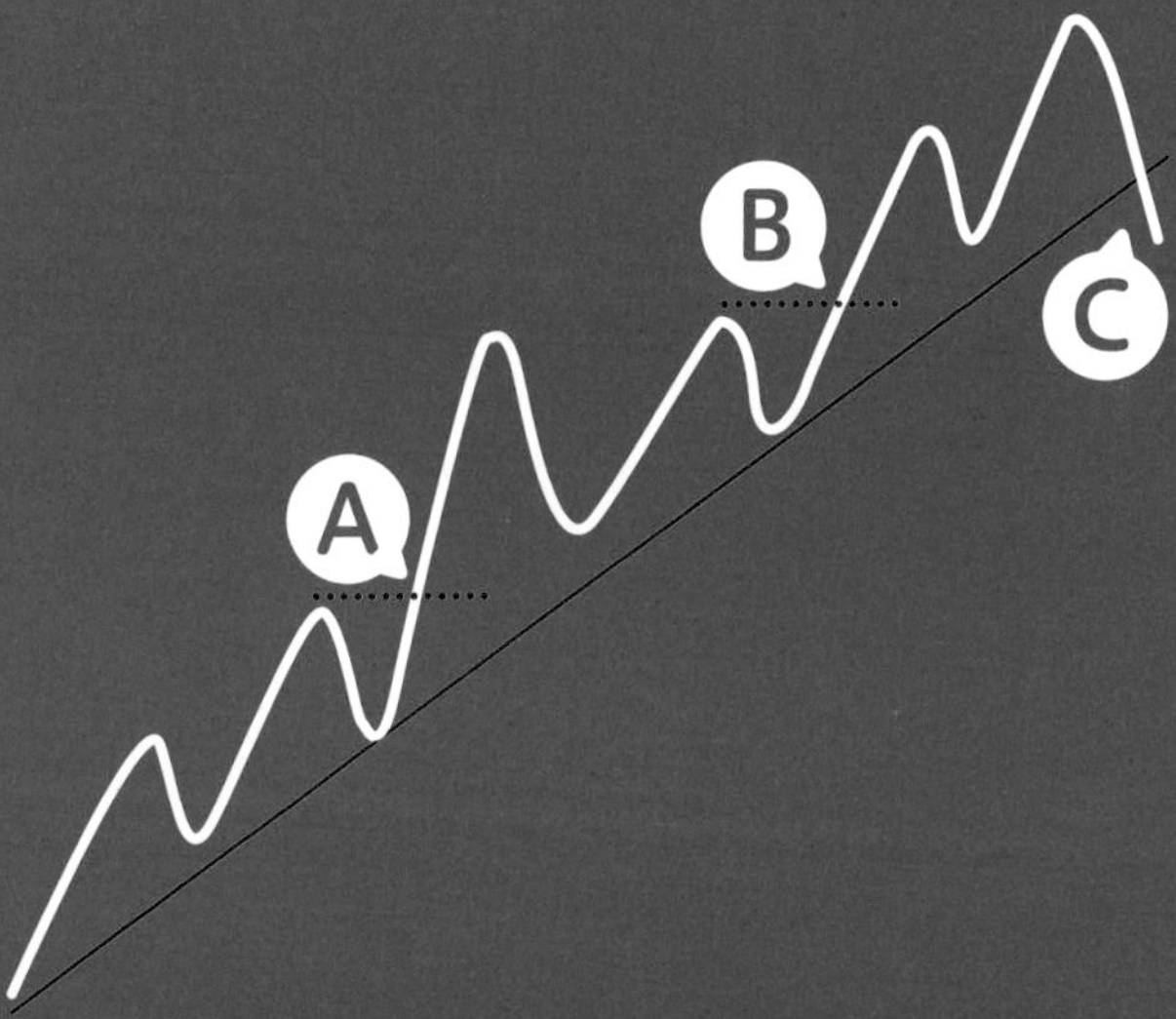
A
B
C

出所：Market Hack「15分でわかるモメンタム投資」(URLはhttp://markethack.net/archives/51928212.html)

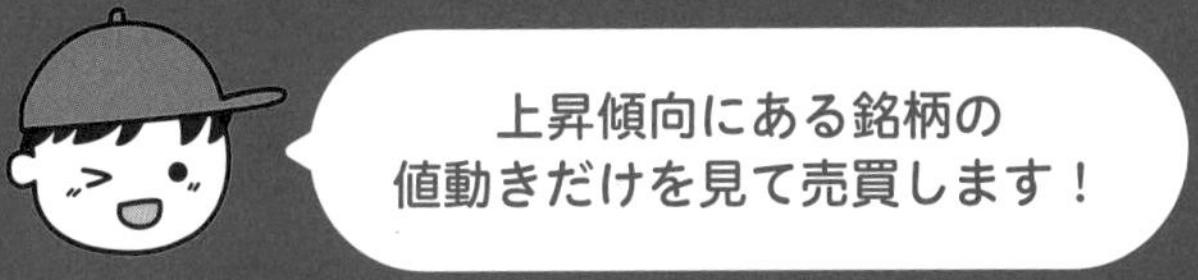
上昇傾向にある銘柄の
値動きだけを見て売買します！

ルトが実施した**株式投資のアノマリー（経験則）**の研究結果を紹介しています。シュウェルトは、①割安な株は値上がりしやすい（**バリュー効果**）②時価総額が小さいほど値上がりしやすい（**サイズ効果**）③1年には相場が上昇しやすい時期と下落しやすい時期がある（**カレンダー効果**）④上昇している株は上がり続ける（**モメンタム効果**）――の4つのアノマリーを調査・分析。その結果、**他のアノマリーは市場で認知された後に効果が消失する、もしくは弱まっていくのに対し、モメンタム効果だけは強まっていく**ことが明らかになったそうです。

また、米国でアルファ・アーキテクトという資産運用会社を経営するウェスリー・グレイとジョン・ボーゲルは、共著書『ウォール街のモメンタムウォーカー 個別銘柄編』（同）で、1927～2014年の88年間の投資法別のパフォーマンス（運用成績）を分析した結果を示しました。モメンタム投資は年平均16・85%。バリュー（割安）株投資の12・41%、グロース（成長）株投資の8・70%、米S&P500種株価指数の9・95%をいずれも上回っています。

モメンタム投資の リターンが最も高い！

●4つの投資法の年平均成長率（1927～2014年）

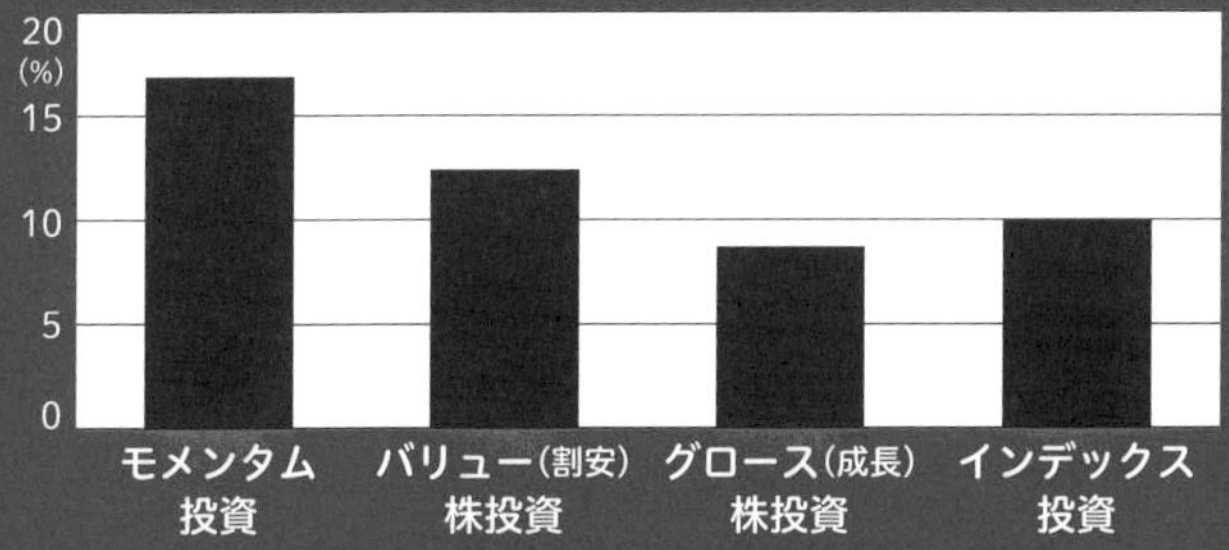

逆に下げ相場では 下げ幅が最も大きくなる

●4つの投資法の年平均成長率（2008～09年）

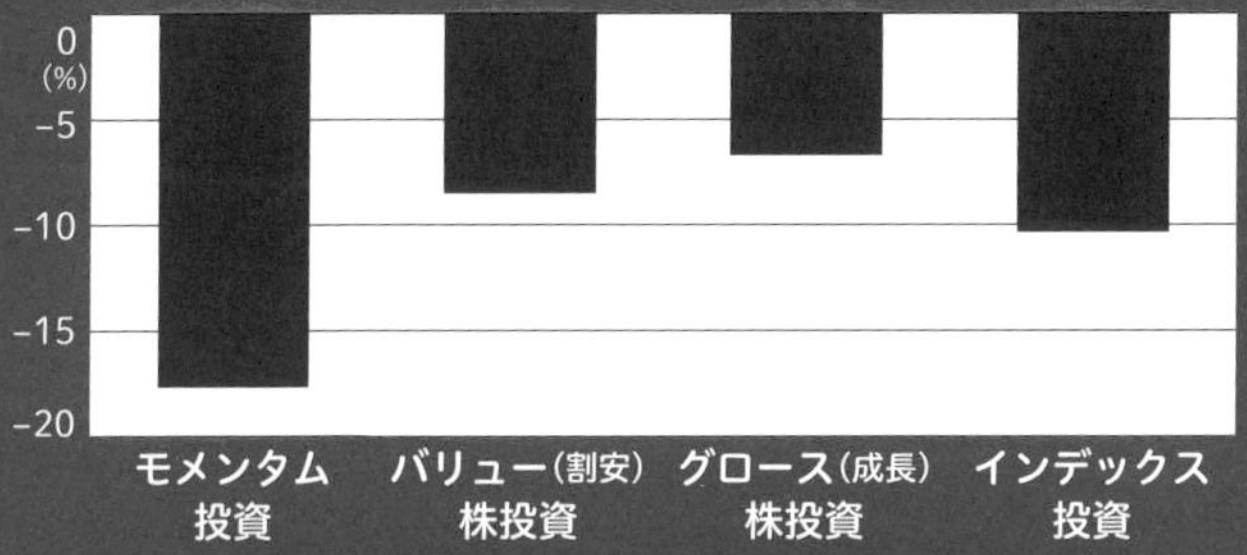

出所：ウェスリー・グレイ、ジョン・ボーゲル『ウォール街のモメンタムウォーカー 個別銘柄編』（パンローリング）93、99ページ
注：インデックス投資は米S&P500種株価指数に連動する投信信託を購入

ちなみにこの2冊は、株価指数に連動する投資信託を購入するインデックス投資の効用を説いたバートン・マルキール（米プリンストン大学教授）のロングセラー『ウォール街のランダム・ウォーカー』（日本経済新聞出版社）をもじった邦題が付けられて続編のような体裁を取っていますが、原著は全く異なる題名で、続編ではありません。ですが、間違いなく2冊とも名著です。

持ち切れない状態を脱却

本題に戻ると、モメンタム効果はどう生じるのでしょうか。**モメンタム効果の原理は、人間の過剰反応など、人が時に非合理的な行動を取る心の動きを解明する行動経済学の理論で一定の説明がつくものの、解明されていない。**アントナッチも、グレイとボーゲルのコンビもこう率直に記しています。ただ、モメンタム効果が存在することは確かです。私は、邦題にうさん臭さを感じて開かずにいたアントナッチの著書を読み、そこに記されたモメンタムの効果に目

モメンタム株に移行すると上昇が加速する

●ノエビアホールディングス（東1・4928）

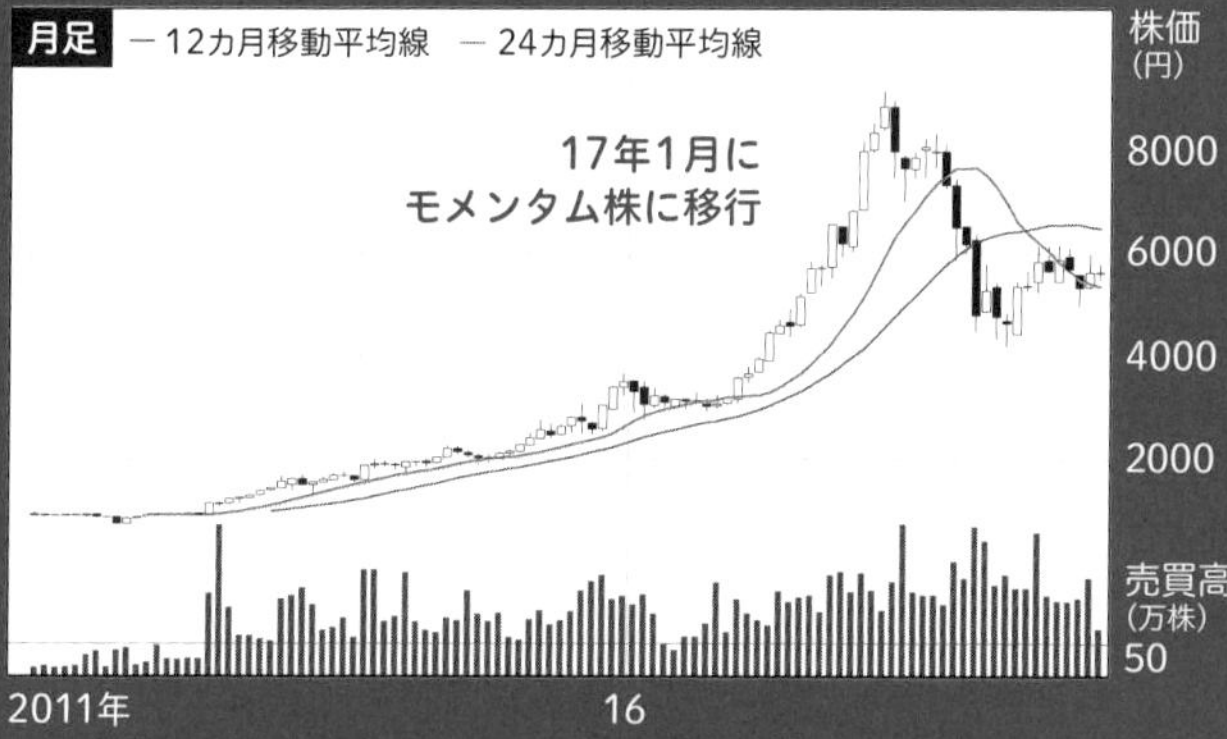

●物語コーポレーション（東1・3097）

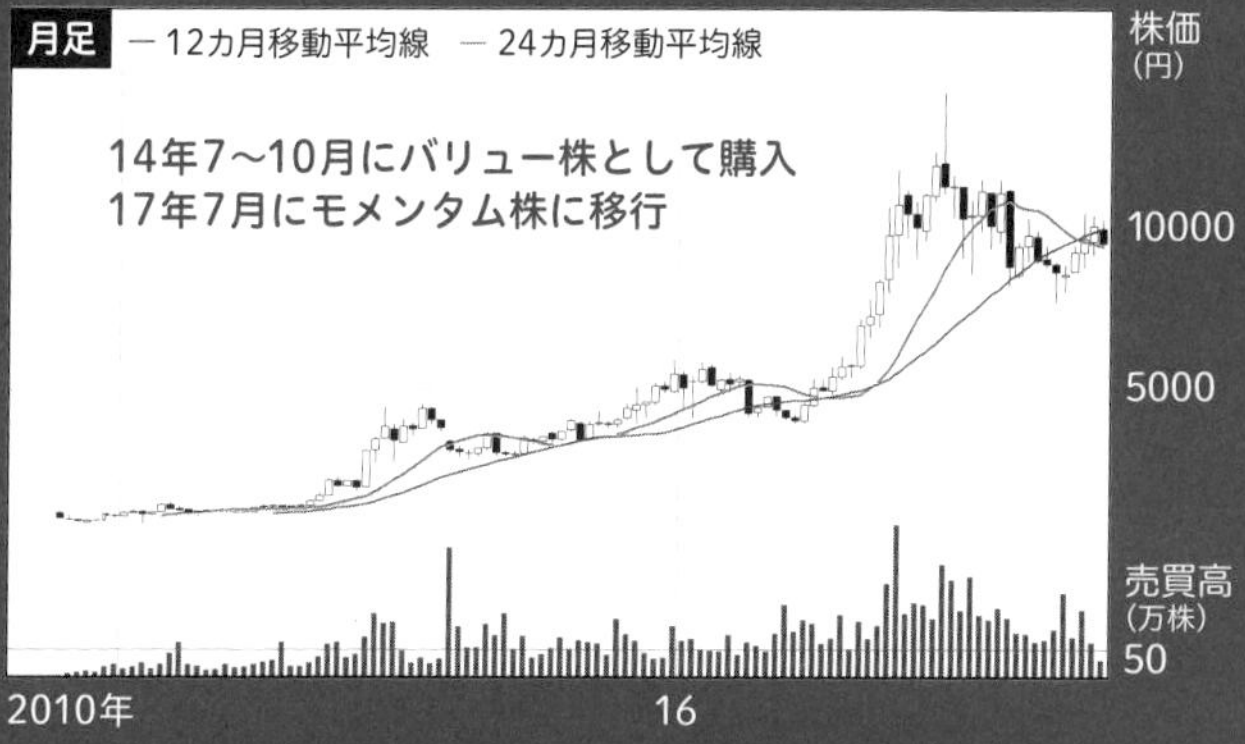

出所：19年10月18日時点

を見張りました。それまでは、株価が指標で見て割高な水準になると持ち切れずに売ってしまい、その後にさらに上がるのを目にして苦い思いをしてきました。ですが、同書を読んで考えを改めました。

「上がり続ける銘柄はバリュー株の域を脱し、モメンタム効果で価格が動いていると認識することが必要だ。その視点で売り時を決めなければならない」。こう肝に銘じ、**上がり続けている銘柄は最高値を付けて10％下がった時点で売る**ことにして、割高と思っても我慢して持ち続けるようにしました。もっとも、冒頭で引用した広瀬さんの解説記事にあるように高値を更新した時点で買うことまではしません。あくまで指標で見て割安な株を買います。

モメンタム投資を全面的に採用しない理由は、まず私の性格に合わないからです。また、モメンタム投資を全面的に実践するとしたら、買い時や売り時を逃さないために株価を頻繁にチェックする必要があるでしょう。株式投資に十分な時間を割けない兼業投資家の私が実行するのは困難だと思います。

上がり続けている銘柄を持ち続けるのは、**他の投資家と同じ行動を取る順張りの投資**です。レッスン11では、相場に逆らう形で銘柄を仕込む逆張りの投資の効用を説明しました。「みきまるは逆張りと順張りのどちらを志向しているのか」といぶかる方もいらっしゃるかもしれません。この点については**逆張りが有効な状況では逆張りを選び、順張りが奏功する局面では順張りを行えばいい**と考えています。どちらのスタンスを取っても、それで大きな利益を上げようとしている点は変わりませんから。

point!

モメンタム効果による上昇分を手にするため、割高でも持ち続ける

lesson13

株式投資では売り時が最も難しい 下がり始めたら迅速に売るのが基本

「売却と損切りの適切なタイミングを学び続ける」

TOPIX（東証株価指数）などのベンチマーク（運用の指標）を上回るために私が日々実践してきた秘密の8つの方法。その一つひとつを解説してきた応用編も、いよいよ大詰めです。最後の8番目の方法について、他のパートよりも紙幅を割いて説明していきます。

紙幅を割くのは、売り時が株式投資の永遠のテーマだからです。**値上がりして含み益の多い時に売却して利益を確定する。意に反して値下がりして反発を見込めない銘柄は、含み損の少ないうちに損切りする。**この2つができるかどうかで、運用成績は大きく変わってきます。にもかかわらず、**どの銘柄を買うか、いつ買うかにばかり気を取られて、いつ売るかについてはおろそかになっている人が多い**ように見受けます。

利益確定と損切りは重要なだけでなく、株式投資で最も難しい部分でもあります。割高と思って売却した株が、その後に大きく値上がりして悔しい思いをした。含み損が出ても損切りできずに持ち続け、損失を拡大させてしまった……。株式投資を手掛けている人なら誰しも、こうした苦い経験を幾度となくしているはずです。

苦い思いをなるべくせずに済むように、私自身も旧知の熟練の投資家たちも日々修練を重ね、利益確定と損切りの技術を高めようとしています。その適切なタイミングを学び続けることは、このように株式投資で重要であり続けるのです。それでは、株の売り時について、私が現時点で守っている6項目のルールと背景にある考えを説明していきましょう。

勝てる時に大きく勝つ

ルール1 「目標株価」を決めない。損は切り、利益は放置する

私が最も大切と考えているルールがこれです。レッスン12で説明したように**上昇している株は上がり続け、下落している株は下がり続けるという慣性の法則のような現象**が株では生じます。だからモメンタム（勢い）を利用した投資が成立するのですが、**モメンタムによる値上がりを享受するには、保有株が上がり始めたら、「もう割高だ」と思っても売らずに持ち続ける**ことが重要です。**売却の目安として目標株価を設定する**ことは、その妨げになります。

「私はめったに価格目標を設定しません。私はチャートを見るほかに、とっているリスクと比べてどれくらい上げたかを見ます。リターンがリスクを上回りそうだと思うときに買い、下げるリスクのほうがリターンよりも大きそうだと思ったときに売ります」（マーク・ミネルヴィニ）

売却と損切りの6つのルール

1. 「目標株価」を決めない。損は切り、利益は放置する

2. 株を売る時にはテクニカルの視点を持つ。下がり始めたら迅速に売る

3. 100%正しくあろうとしない

4. 常に次の再投資先を探し続けて確保しておく

5. うれしくなったら売る

6. 大きく買いたい株があったら、持ち株を見渡して総合戦闘力が最も低いものを手放す

「私はチャートがサポートラインを下に抜け始めたときに、売ることが多い。価格目標を設定することには問題があります。最も良い銘柄は結局、たいていだれの予想をもはるかに超えて大きく上げるものです」（デビッド・ライアン）

モメンタム投資に分類される「新高値ブレイク投資」と呼ばれる投資法（年初来高値や昨年来高値といった新高値を付けた銘柄を購入し、上昇が終わるまで持ち続ける。そしてピークを過ぎたら売却して利益を確定するのが特徴）を実践する米国の著名投資家、マーク・ミネルヴィニ。彼の著書『成長株投資の神』（パンローリング）に登場するトレーダーは一様に、目標株価の弊害を指摘しています。

ちなみに、上昇する銘柄を持ち続けることが求められるのは、**株式投資で常勝はあり得ない**からです。トータルで利益を出すためには、**勝つ時には大きく勝つ**ことが必要です。

「平均すると勝率は50％に過ぎない」

ジャック・D・シュワッガーの名著『マーケットの魔術師［株式編］』（パンローリング）に収録されたインタビューで、ミネルヴィニはこう明かし、次のように語っています。

「運用成績が一変したのは、正しい判断をどれだけ数多く下せるかということではなく、勝てるトレードで得る利益をどれだけ膨らませ、負けるときにどれだけ損を抑えられるかということの方が重要ということを理解したからだ」

モメンタム効果を利用して大きく勝つ。同時に損切りを徹底して、損失を最小限に食い止めることが必要とされるわけですね。私自身は、**不人気の時にバリュー（割安）株として買った銘柄でも、上昇局面ではモメンタム株と認識して「割高」と思っても持ち続ける**ようにしています。

一方で、見込み違いで値下がりした銘柄では、損切りを徹底しています。損失を最小限に食い止めるだけでなく、**精神的ダメージも回避したい**と考えているからです。人間が非合理な行動を取る心の動きを解明する**行動経済学**の代表的な学説に、「**プロスペクト理論**」があります。2002年にノーベル経済学賞を受賞したダニエル・カーネマン（米プリンストン大学名誉教授）が中心となって発展させてきた、人間の意思決定の理論です。心理実験で、**人間が損失を被ることで感じる悲しみは、利益を得ることで感じる喜びの2倍以上の大きさ**であることを実証しました（153ページの図参照）。これほどのインパクトを持つ損失を放置してはなりません。

沈む船から飛び込む

ルール2 株を売る時にはテクニカルの視点を持つ。下がり始めたら迅速に売る

このルールは、**銘柄を買うタイミングは「割安かどうか」というバリュー株投資家の視点で決める一方で、売るタイミングは値動きを分析するテクニカル投資家の視点で決める**ことを意味します。株は上昇する時はゆっくりと上がることが多い半面、下落する時はあっという間に急落します。これを受けて、名著

損失の悲しみは
利益の喜びの2倍以上

●プロスペクト理論の価値関数

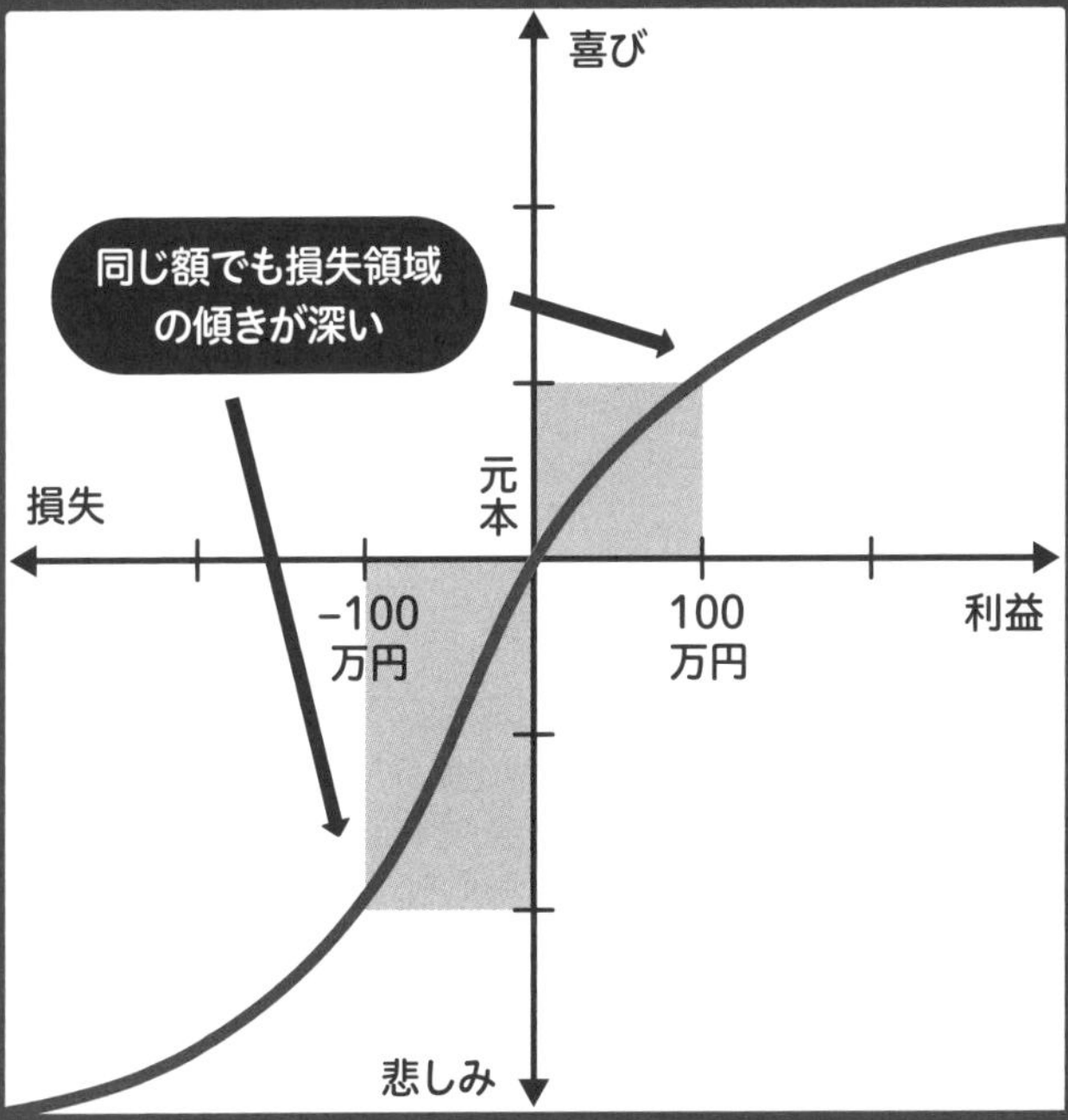

『マネーの公理』（日経BP）の著者、マックス・ギュンターは「**船が沈み始めたら祈るな。飛び込め**」という警句を残しています。

迅速に売らなければ利益が大きく減ってしまう。ですから、株価チャートの形状から売り時を素早く察知するテクニカル投資家の視点が必要とされるのです。ただし、テクニカル分析を本格的に実践してはいませんせん。実行しているのは、**上昇のモメンタムが失われてピークから10％下がった時を目安に売る**ことです。これは、20世紀の米国の大投資家、ジェラルド・ローブの主張を採用したルールです。彼は「**損切りの目安を大きな含み益のある銘柄の売却にも採用すればいい**」と提唱し、具体的な数値として10％を示しました。

2回目の急落が売り時も

さらに、新高値ブレイク投資を理論的に確立した米国の大投資家、ウィリアム・オニールが考案した「**空売りのダイアグラム**」という図も利用しています。

空売りを仕掛けるのは 2回目の急落

●空売りのダイアグラム

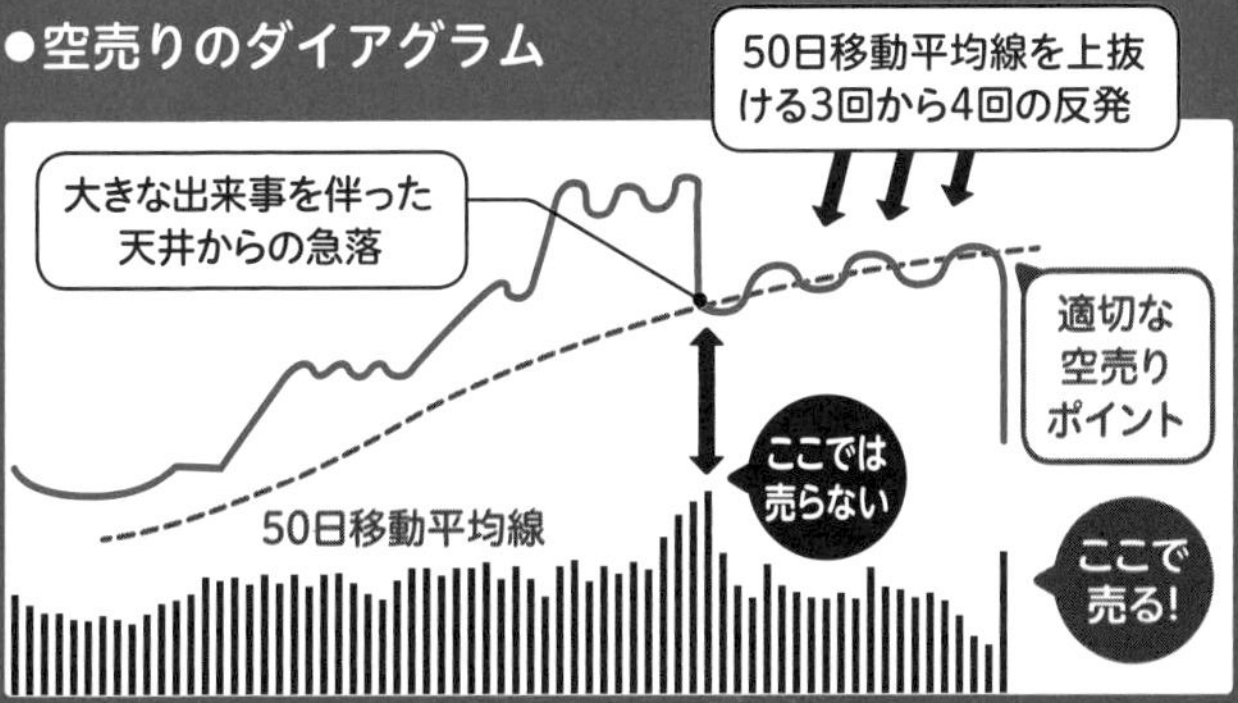

出所：ウィリアム・J・オニール『オニールの空売り練習帖』(パンローリング)

2回目の急落を捉えて売却

●ノエビアホールディングスのチャート

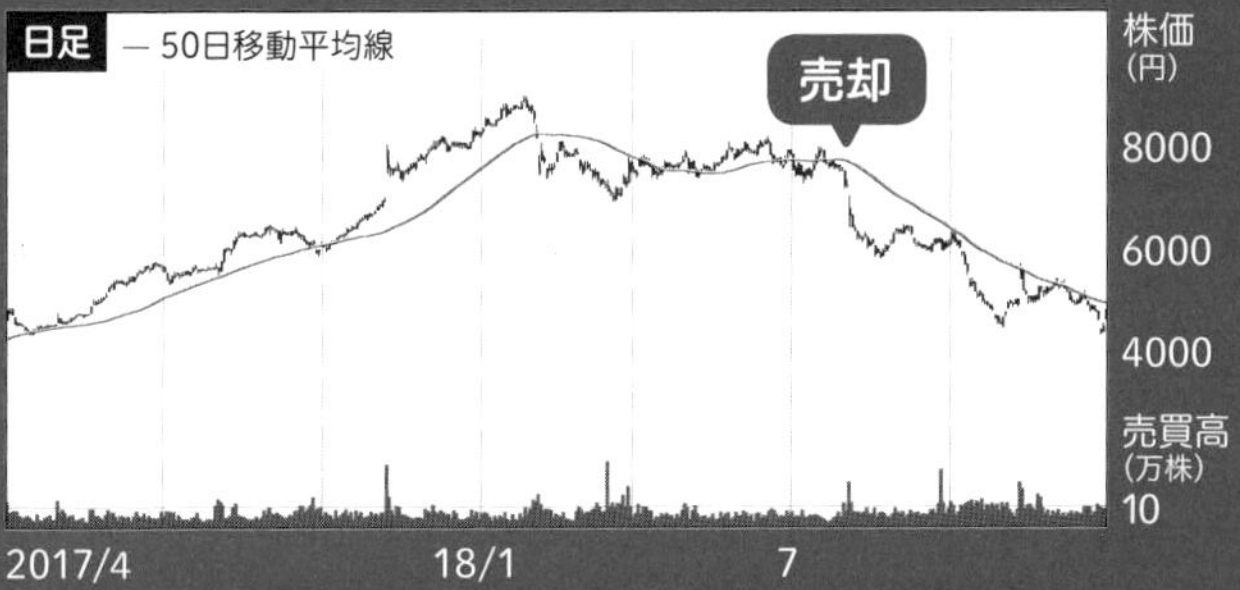

これは、空売りを仕掛ける最適なタイミングを図示したものです。空売りとは証券会社から借りた株を高値で売って、後で安値で買い戻して株を返却し、売買の差額を手にする取引を指します。下げ相場で利益を出す投資手法として広く実践されています。

155ページの図にあるように、オニールは空売りの最適なポイントを、大きな出来高（売買高）を伴った最初の急落の直後ではなく、そこから3～4回の反発を経て2回目の急落が始まる時点に置きました。経験上、この図と同様のチャートや出来高推移を描く銘柄は、複数の反発を経て本格的に急落することが多いと感じています。

レッスン12でバリュー株からモメンタム株に移行した代表例として紹介した**ノエビアホールディングス（東1・4928）**は、まさにそのパターン。最初の急落から複数の反発を経て再び急落し始めた18年8月1日に7330円で売り切り、大きな利益を上げることに成功しました。

場合によっては少しずつ売る

ルール3 100%正しくあろうとしない

株式投資では確実に儲かることはありません。**銘柄を購入する時に描いたシナリオが崩れて損をする**ことが必ずあります。そうした時には当初のシナリオに固執せず、自分の誤りを認める。そして損失を最小限に食い止めるための対策を取ることが必要です。含み損が生じていても、早めに見切りをつけて売却する。**損切りが最善の対応**です。

ただし、場合によってはシナリオが完全には崩れておらず、損切りをするのがためらわれることもあります。そうしたケースでは、**少しずつ売っていく**ようにしています。これは、前出のジェラルド・ローブが提唱した「**ステップシステム**」に共感して採用したものです。彼の著書『投資を生き抜くための戦い』(パンローリング)の言及部分を引用しましょう。

「考え方はこうだ。市場の方向性があなたにとって思わしくないが、どうしたらよいか決めかねているときには、ひとつずつステップを踏んで状況を変えてゆけばよい」

「あなたの期待に反して値は下がり始めた。あなたはこの状況について多少の疑念を感じつつも、本来すべきこと――すなわち損を切って見直す――をする勇気をどうしても持てない。しかしそのような状況下でも、持ち株の一部なら売却する気になれるだろう。その後も、物事がさらに思わしくない方向に展開するようならば、自分の銘柄が明らかな『失敗』を犯したと感じるたびに少しずつ売ってゆくのは難しくないはずだ」

ロープはこう説き、銘柄を少しずつ売ることには①**株価下落による痛手を軽減できる**②**株価が上昇に転じた時にその恩恵を逃さずに済む**――の2つの利点があると強調しています。「少しずつ売るなんて中途半端な対応は取らず、潔く損切りした方がいいではないか」と感じる方もいらっしゃるかもしれません。

ですが、未来は誰にも予測できません。100%正しくあろうとせず、起きる確率は低くても、メインシナリオと異なる展開にも対応できる余地を残しておく。こうした姿勢が株式投資では大事です。

株主数減少に着目して仕掛けた勝負

ここで実践例を紹介しましょう。私は2018年1月、橋などの建設を手掛ける**高田機工（東1・5923）**の株を購入しました。同社の株主が減ったことを指摘したツイートを目にしたのがきっかけです。調べてみると、17年に好決算が出たのを受けて株価が大きく上昇した際に、利益確定の売却が相次いで株主が大きく減少。東証1部上場を維持する基準である2000人を割っていることが分かりました。

同社の業績や株価水準を確かめると、業績は16年3月期を底に反転し、2期連続で大幅な増収増益が見込まれていました。株価は17年11月に3520円の上場来高値を付けた後、大きく反落。18年1月時点の株価指標は、予想PER（株価収益率）が12倍台、実績PBR（株価純資産倍率）が0・4倍台で推移していました。PERとPBRを掛けて算出するミックス係数は4・8。ミックス係数が11・25未満という「優待ディープバリュー株投資」の銘柄選定基準を大きく下回る数値です。上場来高値を更新した直後でしたが、株価はまだ極めて割安な水準です。時価総額も70億円台と、これも基準の300億円を大きく下回っていました。

高田機工が1部上場を続けるには株主を増やさなければなりません。取れる方策は主に、①**株主優待を新設・拡充**する②**株式を分割**して購入単価を引き下げる③証券取引所の取引時間外に大株主の保有株を売却する「**立会外分売**」を実施する――の3つがあります。私は3つの方策を検討しました。例えば、当時の上位30位までの大株主を分析して、高田機工の要請に応じて保有株を売る大株主はいないと判断しました。そして、株主優待の新設に動くだろうと考えた

基準を満たさないと東証2部に“降格”

●東証1部の上場維持基準

株主数	2000人以上
流通株式	流通株式数 ➡ 100万株以上 流通株式時価総額 ➡ 10億円以上
時価総額	20億円以上
財務状況	債務超過に陥っていない
売買高	最近1年間の月平均 売買高が4000株以上

基準を満たせなくなったら、2部に降格

●1部上場を維持するための主な対策

1. 株主優待の新設・拡充
2. 株式分割
3. 立会外分売

のです。それで「配当利回りと優待利回りを足し合わせた総合利回りが4・0％以上」という優待ディープバリュー株投資の残る基準も満たせば、さらに大きく値上がりする可能性が高い。そう結論付けて購入に踏み切りました。

判断に悔いなし

直後に18年3月期の業績予想が上方修正されて、株価は急騰。上場来高値を再び更新し、幸先の良いスタートを切ったかに思われました。ですが、その後は意外な展開になります。高田機工が18年2月23日、立会外分売の実施を発表したのです。それも、「1人100株まで」という目にしたことのない制限付きで、4万株を売却する内容でした。

立会外分売が実施されると一時的に需給が緩み、株価は通常下落します。高田機工の場合も、立会外分売の実施で株主は2000人を再び上回ったものの株価は急落。その後も、同年5月の決算発表で示された19年3月期の業績予想

思惑通りに株主優待が新設されたが不発

高田機工(東1・5923)

株価 2559円 PER 7.7倍 PBR 0.31倍

ミックス係数 2.387 配当利回り 3.52% 優待利回り 0.78%

総合利回り 4.30% 時価総額 57億円

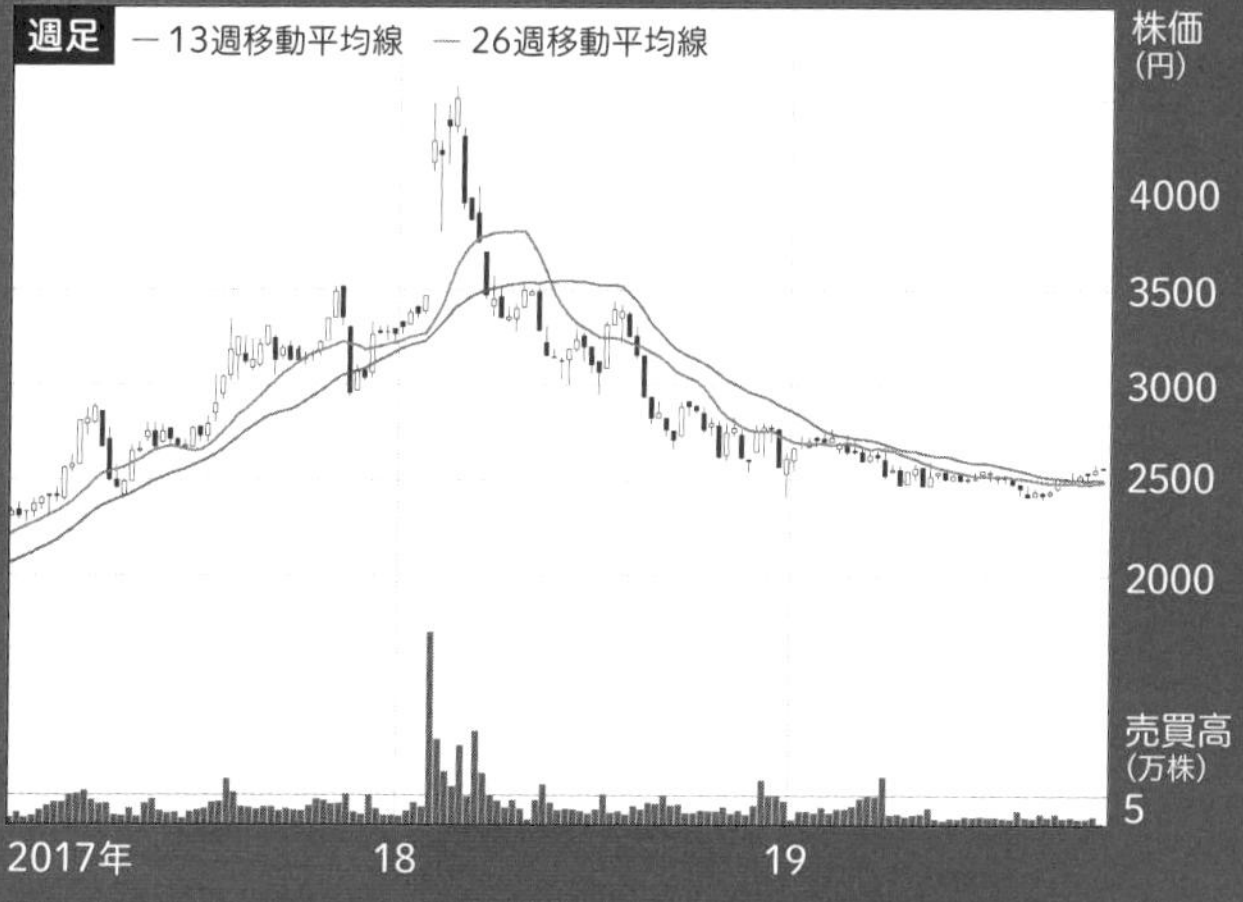

注:19年10月18日時点。PER、配当利回りは日経予想、PBRは実績で算出。優待利回りは独自に調べた優待の価値(金額換算)を、最低優待取得金額(株主優待を獲得できる最低株数×株価)で割って算出

が減益だったことなどを受けて、株価は下落し続けました。ですが、私は損切りをせず、ロープのステップシステムの考え方に即して少しずつ売っていくことを選択しました。「株価の下落が続けば売却が止まらず、株主が再び2000人を割ることもあり得る。そうなれば次は優待を新設するはずだ。大きく反発する可能性はまだ残っている」と考えたからでした。

事態はこの新たなシナリオ通りに進み、株主は2000人を再び割り、高田機工は18年12月6日に優待の新設を発表しました。問題は優待の中身です。100株以上で2000円相当のQUOカードを贈呈するという内容でした。同日の終値2652円で計算した優待の利回りは、0.75%と極めて低い。これが失望を招き、株価の反発は小幅にとどまりました。私は残った保有株の大半を売却して勝負を終えました。トータルで大きな損を被りましたが、少しずつ売ることにした判断は今も後悔してはいません。株主優待の新設までは思惑通りになったからです。あの展開では適切な判断だったと考えています。

迷ったら半分売る

勝負の途中で迷いが生じた時には、少しずつ売っていくだけでなく、**半分を売る**というルールもよく実践しています。これは、米国の著名トレーダー、スティーブ・コーエンの考えを取り入れたものです。ジャック・D・シュワッガーの名著『マーケットの魔術師〔株式編〕』（パンローリング）に収録されたインタビューでのコーエンの至言を見ていきましょう。

「僕はいつもトレーダーたちに『自分が間違ったと思ったり、理由が分からなくても相場が思惑と逆行している場合は、ポジションを半分に切れ。いつでも積み増せるのだから』と言っている。これを二回やると、ポジションは元の四分の一になる。するともう大きなトレードではないよね」

「重要なのは行動を起こすこと。手をこまねいて悲惨な目に遭うトレーダーがあまりにも多すぎるよ。空売りに際してトレーダーたちが犯す共通の過ちとは、

運用資産に対してあまりに大きなポジションをとるということだよ。それによって、ひとたび相場が逆行すると痛手があまりにも大きくなりすぎて、パニックに陥ったりフリーズしてしまうんだ」

「マーケットの動きをコントロールすることはできないが、マーケットに対して自分がどう反応するかは自分でコントロールできる。僕は常に、自分自身の行為をチェックしているし、それこそがトレーダーにとってすべてなんだ」

ふー、何度読んでも震えます。**保有量を調節してリスクを管理する**重要性が脳裏に刻まれますね。

ここでまた実践例を挙げましょう。私は、**割高だが、それを許容できる成長力を持つ優待グロース株**の売買も手掛けています。先述したように、この投資では米国の著名投資家ウィリアム・オニールが考案した「CAN-SLIM《キャンスリム》投資法」の基準をアレンジして、銘柄を選別しています。16年9月のことです。株主優待はないものの、CAN-SLIMの基準を満たした文書作成ソフト大手の

「優待グロース株」の選定基準
「YOU-CAN-SLIM法」

●オニールの「CAN-SLIM投資法」の選定基準

C = Current Quarterly Earnings
直近の四半期のEPS(1株当たり純利益)が最低でも20%は増加し、「勢いよく成長している」

A = Annual Earnings Increases
過去5年間に年間の利益が増加し、意味のある成長が認められる。連続増益が望ましい

N = Newer Companies, New Products, New Management
新興企業、新製品、経営陣の入れ替えなどがあった

N = New Highs Off Properly Formed Bases
株価がボックス圏を抜けて年初来高値、昨年来高値、上場来高値などの新高値を付けている

S = Supply and Demand
発行済み株式数が少なく、株式の需給の法則から値上がりしやすい小型株である

L = Leader or Laggard
少なくとも業界の上位2、3社に入っていて、相場を主導する銘柄である

I = Institutional Sponsorship
有力な機関投資家が保有している

M = Market Direction
相場全体のトレンドが悪くなく、下降トレンドではない

●独自の基準

YOU ＝ ゆー：優待のゆー

❶ 株価上昇のカタリスト(材料)となる、意味のある魅力的な優待が付いている
❷「配当＋優待」の実質総合利回りが高い。できれば4.0%以上
❸「優待原価率」が適正で長期間無理なく継続できる内容である

S = Supply and Demand
日本株市場の特性を生かし、東証2部昇格&優待新設により近い将来の東証1部昇格が濃厚な銘柄を狙い撃ちす

M = みきまる銘柄であること
もともと自分のポートフォリオである「優待株いけす」に入っていて、いけす内を広く澄んだ、子供のような純粋で透明な目で見渡した時に、その総合戦闘力の高さから「自発的に」あたかも蛍光を発するように浮かび上がってくる銘柄である

ジャストシステム（東1・4686）の株を大量に購入しました。購入単価は平均850円。当時の予想PERは15倍前後、実績PBRは約1・7倍。ミックス係数は約25・5で、優待ディープバリュー株投資の基準では割高で買えない水準でした。

その後、17年8月に急騰した折に、保有していた同社株の約半分を、買値の約3倍の2500円前後で売却しました。この時の株価指標は予想PERが約35倍、実績PBRが約4・3倍、ミックス係数は150・5。バリュー株投資家の目線では著しく割高です。

「保有株を全て売って、手じまいした方がいい」と思う半面、「モメンタム効果でまだ上昇するかもしれない」という期待も残ります。そこで迷った末に半分を売って利益を確定し、半分は持ち続けることにしたのです。結局、19年3月まで我慢して保有し、買値の3・5倍の平均3000円で売り切ることができました。

半分を残した結果、買値の3・5倍で売り切りに成功

ジャストシステム(東1・4686)

株価 4260円 PER 42.0倍 PBR 6.14倍

ミックス係数 257.88 配当利回り 0.23% 優待利回り —

総合利回り 0.23% 時価総額 2735億円

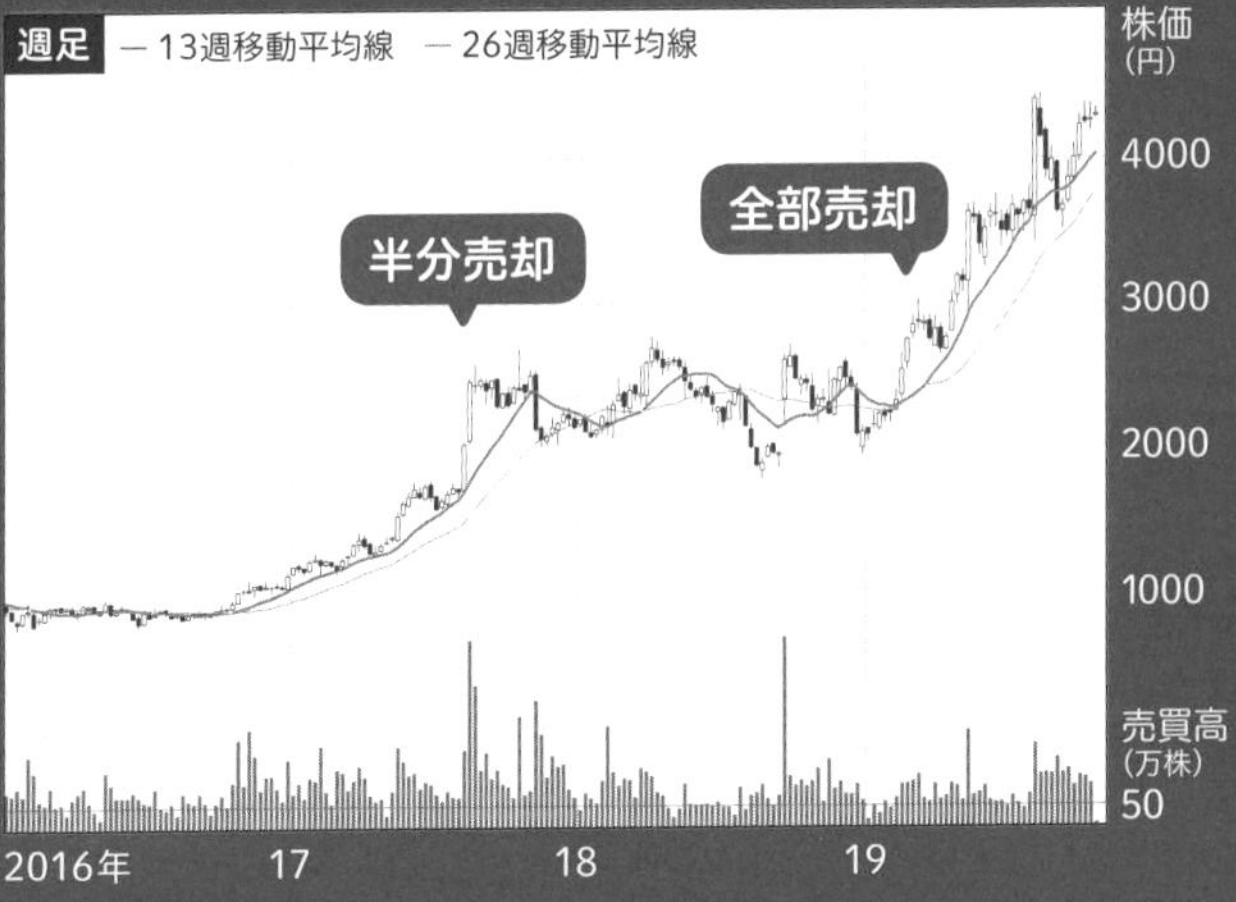

注：19年10月18日時点。PER、配当利回りは日経予想、PBRは実績で算出。優待利回りの「—」は、株主優待がないことを示す

次の勝負に常に備える

ルール4 常に次の再投資先を探し続けて確保しておく

ある銘柄で大きな売却益を上げても、一発ヒットに終わっては株式投資で資産を増やすことはかないません。一つの勝負が終わったら、次の有望株に資金を投じて新たな勝負を仕掛ける。そして、ヒットを積み重ねることが求められます。そのためには、**次に購入する有望株の候補を常に探してストックしておく**ことが必要です。これが、利益確定と損切りの4番目のルールです。香港拠点の資産運用会社の創設者、ロナルド・W・チャンが執筆した超名著『価値の探究者たち』（金融財政事情研究会）。そこに登場する世界屈指のバリュー（割安）株投資家の一人、ヴィーニー・イェはこう指摘しています。

「**株を売る際には必ず、売却資金を次は何に投資するのかを考える。バリュー投資の経験から学んだ最大の教訓は、ほとんどの投資家は再投資のリスクを軽**

く見て、きちんと分析しようとはしていないということだ」

「優れた投資家と普通の投資家との分かれ目は、まさに再投資のスキルにある。優れた投資家は常に再投資の準備をしていて、複利効果を働かせることができる」

次の投資先となる有望株を探し続けることがいかに重要か。よく分かる名言ですね。私自身は、既に紹介した次のような仕組みで再投資先の候補を確保しています。まず配当利回りと優待利回り（優待の価値を株価で割って算出した利回り）を合計した「総合利回り」の高い株を最低単元で買って、「優待株いけす」に入れる。その中から、ファンダメンタルズ（基礎的条件）が良好で、株価を上昇させる明白なカタリスト（材料）のある、総合戦闘力の高い魅力的な銘柄を主力に昇格させる。この仕組みで次の投資先に困らずに済んでいます。

もちろん、主力の全てで勝っているわけではなく、損切りに終わることも多くあります。にもかかわらず生き残って資産を増やせたのは、**次の再投資先に**

すぐに資金を移して損失をリカバリーしてきたからです。ヒットを積み重ねるだけでなく、エラーによる失点を取り返す点からも、再投資先となる有望株の確保は大事なのです。

大きな下落の前に売り切る

ルール5 うれしくなったら売る

5番目は、持ち株が大きく上昇して自分が得意になり過ぎていると自覚したり、市場が異様な高揚感に包まれていると感じたりした時に売るというルールです。なぜならそうした時は得てして**株価が上がり過ぎていて、いつ急落してもおかしくない**ことが多いからです。

ここで売買の具体例を挙げましょう。2012年のことです。同年3月にIPO（新規株式公開）でジャスダックに上場したティーライフ（東1・3172）を、同年9月に主力銘柄に引き上げました。株価は上場後に公開価格を割って下落。

予想PER（株価収益率）は7倍前後、実績PBRは0・6～0・7倍で推移していました。PERとPBRを掛けて求めるミックス係数は4・2～4・9で、私の購入基準の11・25未満を大きく下回り、非常に割安な水準でした。

一方、自社で企画した健康茶や健康食品、化粧品などを通信販売する同社の業績は、12年度（13年7月期）に売上高が前期比9・7％増、当期純利益が同25・9％増になると予想されていました。有利子負債がなく財務状態も良好です。株主優待は、同社の通販で使用できる株主優待券が100株以上で1000円分。予想配当利回りは4～5％台で推移し、独自に算出した総合利回りは5～6％台と、これも魅力的な水準です。申し分ない優待ディープバリュー株と判断して買いました。

ところが、13年7月期に続く14年7月期と15年7月期は販売管理費や売上原価がかさんで、増収ながら減益になります。株価も決算を境に上昇と下降を繰り返し、本格的な上昇には至りませんでした。この流れが一変したのは16年9

月のこと。同社が発表した16年7月期決算が増収増益に転じたことに加え、17年7月期には営業利益が前期比20・2％増、当期純利益が同44・1％増になると予想されていたことが株価を押し上げました。

冷静さを取り戻して不安がもたげる

東証2部を経由して、16年10月には東証1部に昇格。これに伴ってTOPIX（東証株価指数）に連動するインデックス型投資信託の運用会社の買いなどが入り、株価の上昇に拍車が掛かりました。16年7月期決算の発表当日の終値で949円だった同社の株価は、17年6月5日に1936円の上場来高値を付けました。これは私の買値の約4倍です。自分の見込んだ銘柄がようやく評価されて大きく値上がりしたことを喜び、自分を誇らしく思いました。

ですが、冷静さを取り戻すうちに不安が頭をもたげてきました。「**自分は得意になり過ぎているのではないか。そういう時は株価がピークに達していること**

得意になり過ぎていると自覚して売る

ティーライフ（東1・3172）

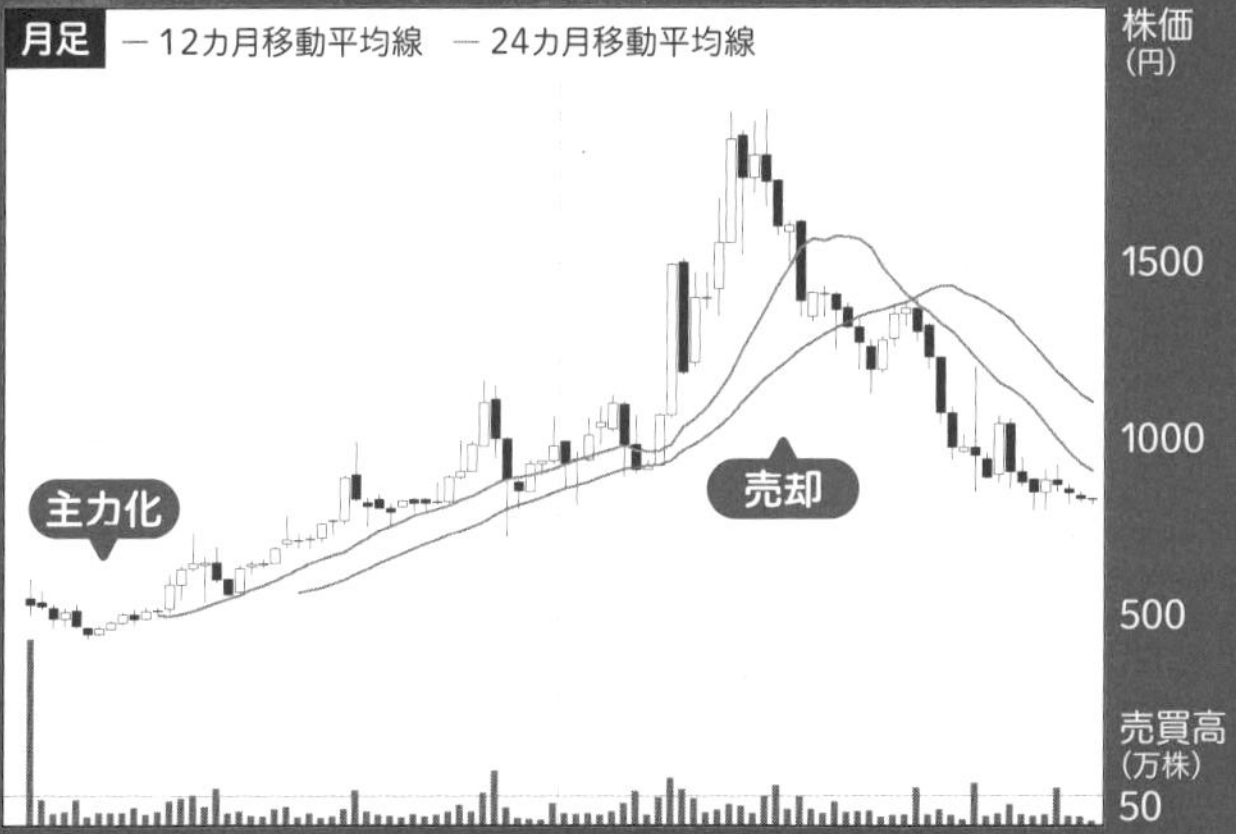

注：19年10月18日時点

が多かった」という思いが広がったのです。上場来高値を付けた時の予想PERは約17倍で、実績PBRは2倍。ミックス係数は34です。その前から既に割高になっているという認識を持ってもいました。魅力的な優待の付いている銘柄は、優待を受け取る権利が確定した後は優待愛好者の売りが続出して株価が下落しやすいという傾向があります。このことも考慮して、17年7月末の権利確定の前に売り切ることにしました。

結果として、この売却は「吉」と出ました。直後にサプライズがあったからです。17年9月に発表された17年7月期決算は会社予想に反して増収ながら営業減益。同時に開示された18年7月期の業績予想も、増収減益の見通しでした。これを受けて、ティーライフの株価は下落の一途をたどりました。同社は月次売上高を公表しておらず、17年7月期決算の営業減益を事前に察知することは、個人投資家には困難でした。「得意になり過ぎている」と不安を抱いて売却したことで、大きな含み益があるうちに利益を確定できました。

ツイッターで過熱感を察知

次に、市場が異様な高揚感に包まれていると感じたことをきっかけに売却した例を紹介しましょう。これまでにも紹介しましたが、私は13年に売却した外食中堅の**物語コーポレーション（東1・3097）**を、14年に再び購入しました。価格は割高でしたが、成長力が突出している優待グロース（成長）株としての購入条件を高いレベルで満たしていたからです。ところが株価はなかなか上昇せず、途中で他の多くの保有者が手放していきました。上昇し始めたのは約3年後の17年。同年1月に焼肉店の競合の追随を振り切り引き離すため、新メニューを投入。既存店の月次売上高が好転したことが発端でした。

株価の上昇に沸いたのもつかの間。私はこの銘柄を17年末から売り始めました。ツイッターで同社に関して「外食業界の勝ち組」「間違いのない成長株」といった称賛のつぶやきを目にすることが多くなったからです。**株式投資では大多**

数の人と同じことをしていては利益を上げられません。「ツイッターに称賛があふれてきたということは、既に多くの人が買って株価が上昇する余地が限られ始めたことを意味している」と考えました。当時の予想PERは27倍台で実績PBRは4・7倍前後。ミックス係数は126・9前後とかなり割高でした。そこで一部を同年末から18年5月にかけて売却し、利益を確定したのです。同社の株価は、私が売却していた間の18年5月15日に1万4180円の上場来高値を更新。結果として非常に良いタイミングで売却できました。

他に良い銘柄があったら入れ替える

ルール6 大きく買いたい株があったら、持ち株を見渡して総合戦闘力が最も低いものを手放す

これは、**主力銘柄やその候補に何らかの変化が見られて大きく買い増ししたいと思った時に取る対応**のルールです。保有株を見渡し、その中で総合戦闘力が最も

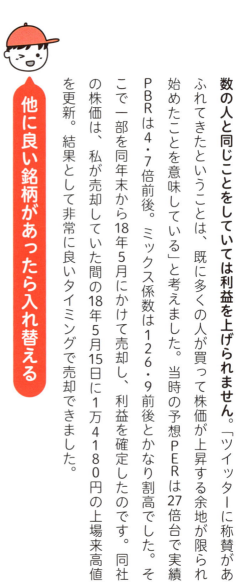

ツイッターでの過熱ぶりから一部を売却

物語コーポレーション（東1・3097）

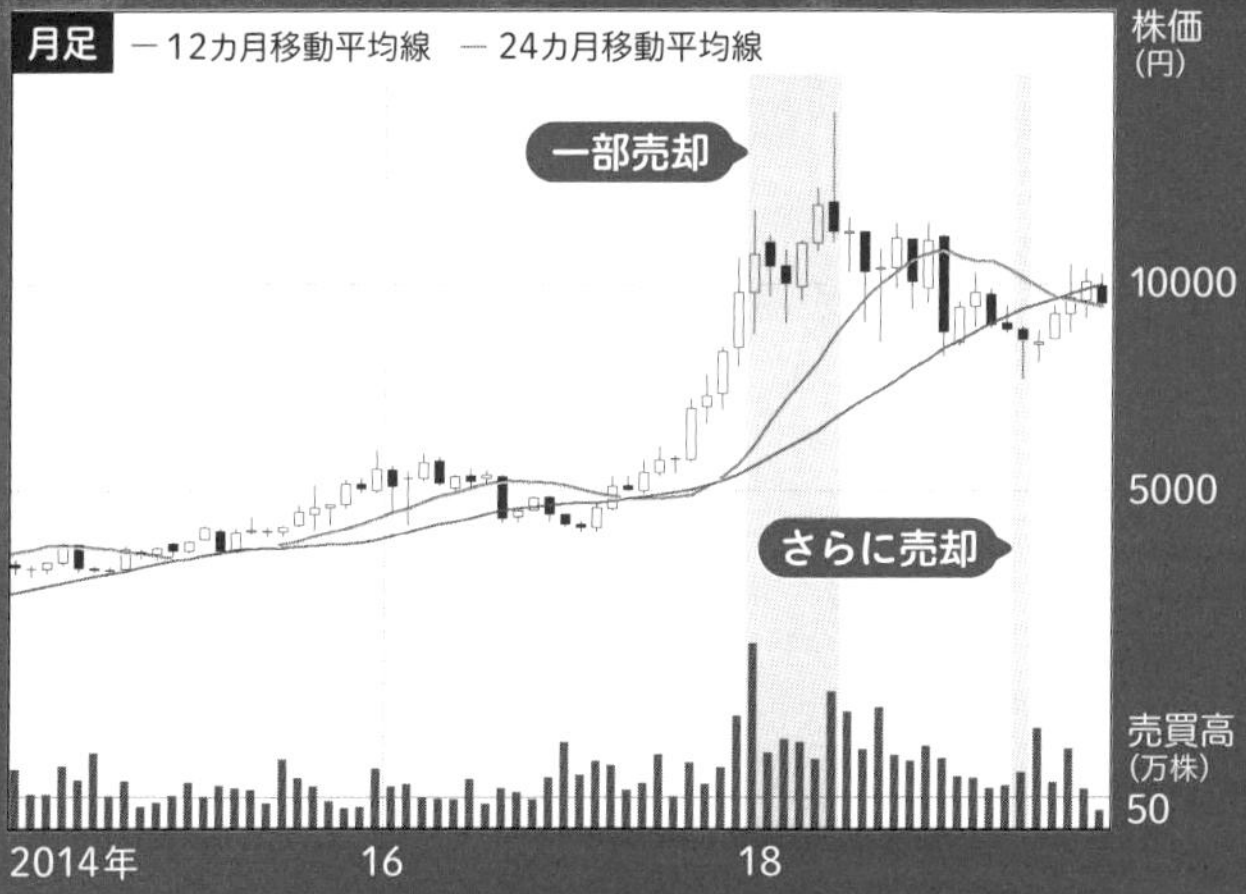

注：19年10月18日時点

低いものを売却して、購入の資金をつくります。**他に魅力的な銘柄が見つかったら、最も魅力のない銘柄を売って、ポートフォリオ全体の魅力度を高く保つ。**この対応は理にかなっていると思います。

再び具体例を示しましょう。私は19年5月、既に主力にしていた分譲マンション中堅のプレサンスコーポレーション（東1・3254）を大きく買い足しました。きっかけは、同月10日に発表された19年3月期決算です。20年3月期の業績予想に目を走らせると、売上高は前期比30・3％増、営業利益は同20・0％増、当期純利益は同17・6％増と非常に高い数値が並んでいました。

これを受けて株価は跳ね上がりましたが、すぐに反落しました。スルガ銀行（東1・8358）が投資用のアパートやシェアハウスのオーナーに不正な融資を行っていた問題の影響は和らいだかと思っていましたが、根強く残っていたのかもしれません。いずれにしても、私は「大チャンス」とみて、プレサンスの株を大きく買い増ししました。同社が07年の上場以来、期初に掲げた経常利益

物語コーポレーションを
さらに売却して購入

プレサンスコーポレーション（東1・3254）

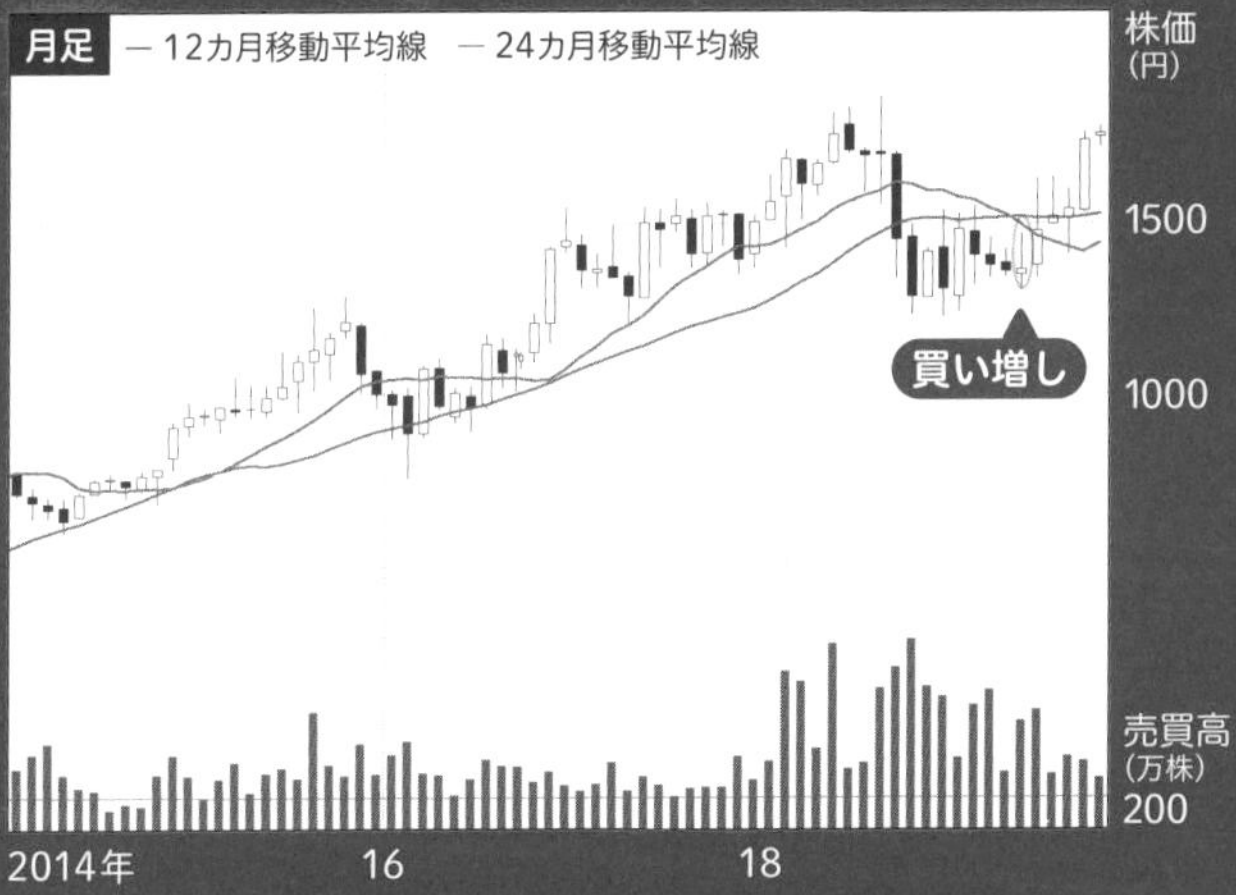

出所：19年10月18日時点

予想を達成できなかったことは一度もないことを知っており、今回も予想を上回るはずだと考えたからです。

まだまだ上達の余地がある

この際に購入資金を捻出するため、残っていた物語コーポレーションの株をさらに売りました。この時に同社株の予想PERは17～19倍前後で、実績PBRは3倍前後。ミックス係数は51～57と、一部を売却した18年前半よりは割高感が薄れていましたが、私の持ち株の中では最も割高な銘柄でした。ですので、ためらうことはありませんでした。その後、プレサンスの株価は19年6月に急騰したので、これも結果として良いタイミングで購入することができました。

秘密の方法の最後に掲げた「売却と損切りの適切なタイミングを学び続ける」の解説はこれで終わりです。「学び続ける」と結んだように、銘柄の売り方の追究に終わりはありません。**まだまだ上達の余地がありますし、そうしなければ**

変化し続ける市場に取り残されてしまうでしょう。これからも学び続けていきます。

point!

銘柄の売り方の上達には終わりがない。学び続けていくことが求められる

lesson14

優待品を喜ぶだけではもったいない 優位性を生かし大勝ちを目指そう

最後のレッスンは、趣向を変えて思い出話から始めます。レッスン1で述べたように、私は2000年に株式投資を始めました。それから少ししかたっていない02年のある日のことです。夜も眠れないほど悩み抜いた末に、私は大きな決断を下しました。現在は北陸地方の富山、石川、福井の3県で食品スーパーを展開している**アルビス（東1・7475）**の株を新規に購入して、最主力銘柄の一つにすることにしたのです。アルビスの当時の主業は食品卸で、上場先は名古屋証券取引所第2部。時価総額は現在の約3分の1の70億円前後と、超が付く小型株でした。

高額優待を手にして大興奮

その頃の私は、飼っていたデブ猫の餌代にも困るほど生活が苦しく、株式投資も細々と手掛けていました。そんな状況でアルビスの株を大量に購入した理由の一つは、予想PER（株価収益率）が10倍未満、実質PBR（株価純資産倍率）が0・6倍前後と非常に割安だったからでした（PERにPBRを掛けて算出するミックス係数は、私の購入基準である11・25未満の実に約半分です！）。

ですが最大の理由は別にありました。その頃、私は優待株に魅了され始めていて、半年ごとに3000円分のJCBギフトカードがもらえる当時の同社の優待を非常に魅力的と感じたのです。今でこそ高額の金券系優待はあふれていますが、当時はほとんどありませんでした。アルビスの当時の株価で算出した総合利回りは4・8％と高率でした。「こんな掘り出し物はなかなかない」と感じる一方で、人気のない超小型株を大量に買うことに不安を感じました。

それで悩んだわけですが、最後は「こんなに安いのだから、仮に下がっても高が知れているだろう」と腹をくくって購入を決めました。それだけに優待のJCBギフトカードが実際に届くと、「ようやく来たか」とうれしさが込み上げてきます。当時はアパートの六畳一間の狭い一室に家賃2万7500円で住んでいたのですが、その部屋の中を興奮して一人で歩き回りながら胸の中で叫びました。「本当に信じられない。すごく割安なのに、さらにこんなにお得な優待までもらえるなんて！」

そして突然、次のようにひらめいたのです。「この銘柄なら負ける気が全くしない。そうだ、これからは魅力的な株主優待が付いた割安株の売買を専門にしよう。それで大金持ちを目指すんだ！」。これが、優待バリュー（割安）株投資を専門に手掛けてきた私の第一歩でした。

ちなみに、アルビスの株価は04年に入って大きく上昇し、その際に売却してまずまずの利益を上げることができました。その後は優待の廃止や長期にわたる業績の低迷で再購入する機会はなかなか訪れませんでした。チャンスが巡ってきたのは10年後の14年。同社が東証2部に昇格して優待を再設したことを受けて、購入に踏み切りました。東証1部への昇格を視野に入れていると読んだからです。**東証1部になると、TOPIX（東証株価指数）に連動するインデックス型投資信託を運用する会社などの買いが入り、株価は上昇する**傾向があります。それを狙った投資です。思惑通りに同社は15年3月に東証1部に昇格。この投資でも大きな利益を上げることができました。

極めて優位性の高い投資法

アルビスの優待をきっかけに優待バリュー株投資を始めてから16年が過ぎ、今では株主優待を目当てに株式投資をする人は珍しくなくなりました。確かに**キユーピー（東1・2809）**や**カゴメ（東1・2811）**などの定番銘柄を購入して優待で商品の詰め合わせをもらうと、生活に潤いが出てうれしいものです。

優待の付いた株の購入と空売りを同時に行う「クロス取引」を実践して少額で多くの優待品を手にしたら、頭がしびれるほどの満足感を得られることは請け合いです。それはそれで良いことなのですが、優待品をゲットして喜ぶだけにとどまってはもったいないと思います。**指標で見て割安な優待株を売買して大きな利益を上げることを目指す優待バリュー株投資は、極めて優位性の高い投資法**だからです。最後にこの点を改めて説明して終えましょう。

優待が株価下落のクッションに

優待バリュー株投資の優位性はどこにあるのか。それを一言で表すと、ローリスク・ミドルリターンで、本質的に有利な投資法である点です。具体例を挙げてこの点を明らかにしていきます。私は13年に新興航空会社の**スターフライヤー（東2・9206）**で大勝負を仕掛けました。同社は13年3月期に機材関連費の大幅増加や主力の北九州―羽田線の競争激化の影響で増収ながら減益を計

赤字に転落しても
さほど下がらず

スターフライヤー（東2・9206）

事業内容 航空会社　株価 3995円　PER 28.6倍

PBR 1.39倍　ミックス係数 39. 754　配当利回り 0.25%

優待利回り 1.50%　総合利回り 1.75%　時価総額 114億円

優待内容 100株以上で片道1区間の大人運賃50%割引券を3枚～

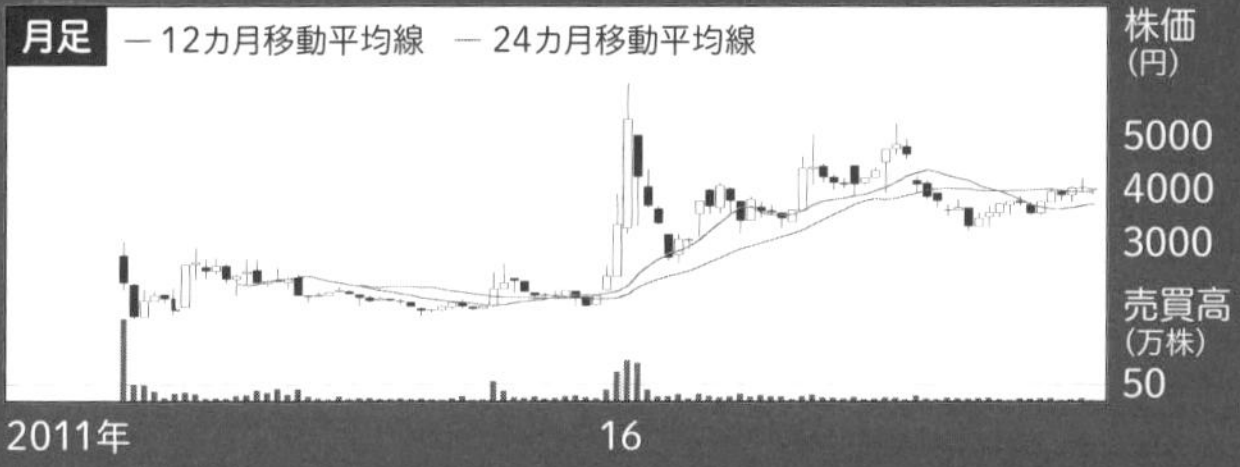

●業績の推移

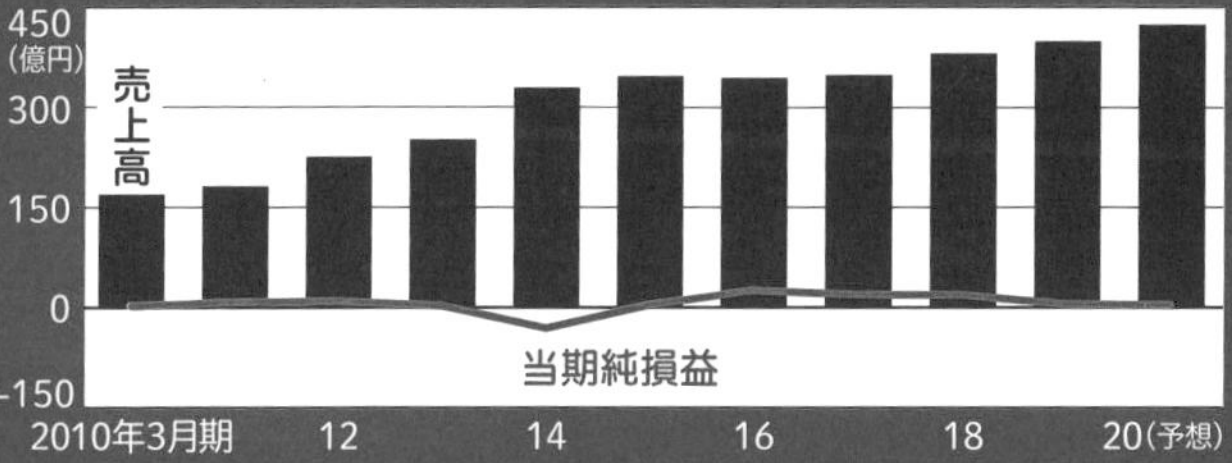

注：19年10月18日時点。PER、配当利回りは日経予想、PBRは実績で算出。優待利回りは独自に調べた優待の価値(金額換算)を、最低優待取得金額(株主優待を獲得できる最低株数×株価)で割って算出

上していました。しかし、14年3月期にはドル箱の福岡―羽田線の往復便を従来の2倍に増やして利益のV字回復が見込まれたので、勝負に出たのです。ところが、円安と原油高が予想外に進んで、14年3月期はV字回復どころか、赤字に転落。私は数百万円の損失で撤退を余儀なくされましたが、致命傷を負うことは避けられました。普通運賃が5割引きになる優待券が年6枚という**人気優待がクッションとなり、業績ほどには株価は落ち込まなかった**からです。

ローリスクでミドルリターン

具体例をもう一つ挙げましょう。優待株の鉄板銘柄である**日本マクドナルドホールディングス（JQ・2702）**。14年7月に中国の仕入れ先が使用期限切れの鶏肉を扱っていたことが発覚して、業績不振に拍車がかかり、同社は14年12月期と15年12月期に2期連続で巨額の赤字を計上しました。しかし、「株価が大きく下がれば、割安に買うチャンスだ」と期待したバリュー株投資家たちが

巨額赤字が続いても
下落は限定的

日本マクドナルドホールディングス(JQ・2702)

事業内容 ハンバーガーチェーン　株価 5280円　PER 40.3倍

PBR 4.61倍　ミックス係数 185.783　配当利回り 0.57%

優待利回り 1.33%　総合利回り 1.90%　時価総額 7020億円

優待内容 優待食事券(バーガー類、ドリンクなどの商品引換券が6枚ずつで1冊)を100株以上で1冊～

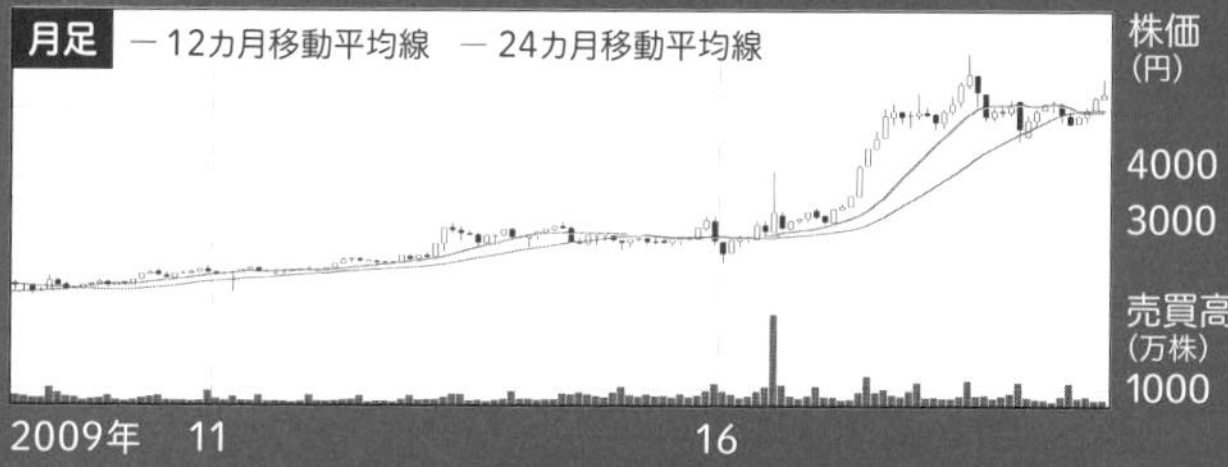

●業績の推移

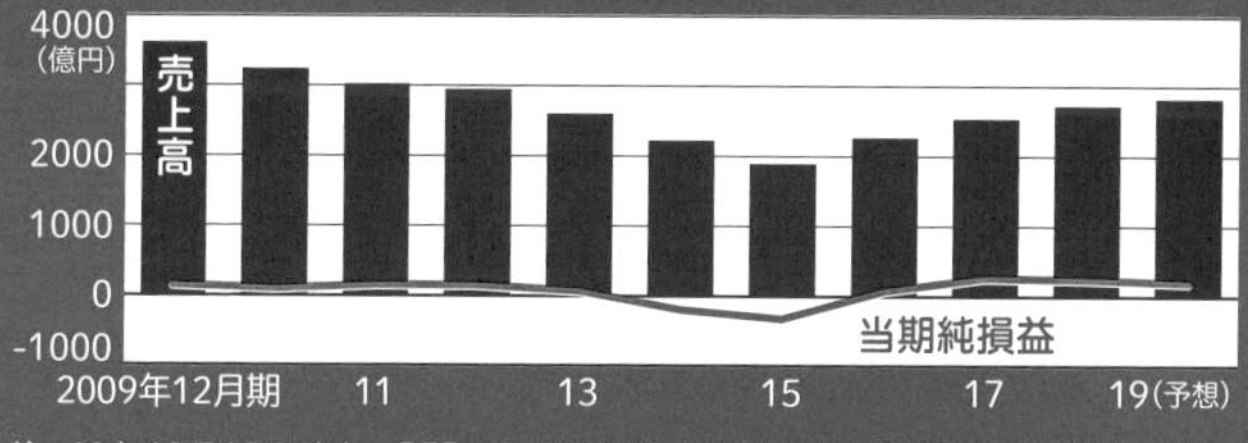

注：19年10月18日時点。PER、配当利回りは日経予想、PBRは実績で算出。優待利回りは独自に調べた優待の価値(金額換算)を、最低優待取得金額(株主優待を獲得できる最低株数×株価)で割って算出

憤慨するほど、株価の下落は限定的でした。このように優待株には**株価の下方硬直性**があります。**負ける時には損失が限定されるからローリスク。勝つ時には優待のない株に見劣りしない利益が期待できるのでミドルリターン**です。

ブログなどを拝読して一流の投資家と感じている方々でも、投資資金の全てを株に入れている人は少数派のようです。優待バリュー株でポートフォリオを固めれば、株価の下方硬直性があってローリスク・ミドルリターンという構造的なメリットをフルに享受できます。**心が比較的落ち着いた状態で全資金を株に突っ込む**ことも可能です。これが優待バリュー株投資の本質的な優位性だと私は思っています。さらに次のような副次的な利点もあります。

副次メリット1 優待を受け取るために複数の銘柄を持つので、分散効果の効いた無理の少ないポートフォリオを自然と組める

副次メリット2 優待もリターンの一つに数えられるので、それを含めたトータルの運用成績はＴＯＰＩＸなどのベンチマーク（運用の指標）を上回りやすい

副次メリット3 数多くの銘柄をチェックするので、おのずと技量が上がる

このように、**優待バリュー株投資はメリットが多く、ポテンシャルが非常に高い投資法**です。自ら提唱したこの投資法をさらに洗練させ続けて、困難を極める日本の株式市場を戦い抜いていきたいと考えています。

point!

優待バリュー株は下落が限定されるので、落ち着いて勝負できる

巻末付録

私がこよなく愛する

株主優待＆投資本ベストテン

優待＆書籍
コレクターの
みきまるが、
えりすぐりの品を
教えます！

mikimaru's select no.1

株主優待愛好者にとって必須のアイテム

J・フロントリテイリング（東1・3086）、三越伊勢丹ホールディングス（東1・3099）、高島屋（東1・8233）

百貨店各社の株主優待カードは、有料展覧会に無料で入れるのが素晴らしいです

権利月　2・8月（三越伊勢丹は3・9月）

優待内容　100株以上で10％引きの買い物優待カードなど～。

百貨店の株主優待カードは財布に入っていると重宝します。高級ブランド品の多くが1割引きになるのはうれしいですが、それ以上に、各百貨店が企画して開催する有料の文化催事に無料で入れる点に大きなメリットを感じています。毎日の生活を彩り豊かでちょっとすてきなものにしてくれるからです。優待族には必須の優待です。

注：情報は19年10月18日時点。同じ優待が年2回ある場合は1回分を掲載。
掲載分以外の優待内容や株数区分がある場合は「～」と表記

mikimaru's select no.2

休憩施設のラウンジを無料で利用できる

イオン（東1・8267）

イオンの株主優待カード。買い物の合間にラウンジで休憩できるので、重宝します

権利月 2・8月 **優待内容** 買い物が割引になったり、施設・サービスが優待料金で利用できたりする株主優待カード。割引率は100株以上で3％〜。

イオンの株主優待カードである「オーナーズカード」で、全国のイオンの店舗に併設された休憩施設「イオンラウンジ」を利用できるのが大きなメリットです。ジュースやコーヒーなどの飲料やお菓子の試供品などを無料で楽しめます。私はイオンラウンジに行くたびに「ここにいる人たちは皆投資家なのかなぁ」と興味津々で眺めています。

mikimaru's select no.3

大好きな「カプリチョーザ」のパスタがお得に

WDI（JQ・3068）

権利月 3月 **優待内容** 100株以上でグループ店舗での食事・買い物が20％引きになる優待カード。さらに優待券を100株以上で3000円分～。

WDIは、「カプリチョーザ」「ハードロックカフェ」など、知名度の高い複数のブランドを展開するレストランチェーン。私はカプリチョーザが大好きで、行くと「大定番！トマトとニンニクのスパゲティ」と「イカスミのスパゲティ」のどちらを選ぶかでいつも迷います。優待内容の変更が繰り返されていますが、持ち続けています。

mikimaru's select no.4

優待で選べる通販取扱商品は質量共に抜群

第一交通産業（福証・9035）

クーポンで交換できる通販取扱商品は、ボリュームも内容も素晴らしいの一言！

権利月 3・9月 **優待内容** タクシー券1000円分および各種割引券が入ったクーポン冊子。100株以上で1冊～。通販取扱商品などと交換可能。

第一交通産業は、タクシーを全国展開する九州地盤の会社。現在、私の主力銘柄の一つなので、毎回3万円分のクーポンを頂いています。額面の範囲内で「通販取扱商品」と引き換えられるのですが、その商品がかなりいいです。過去には、「くりーむパン」が名物として知られている「広島八天堂」のパンなどを取り寄せました。

高級レストランでの食事もお得に味わえる

ゼットン（名セ・3057）

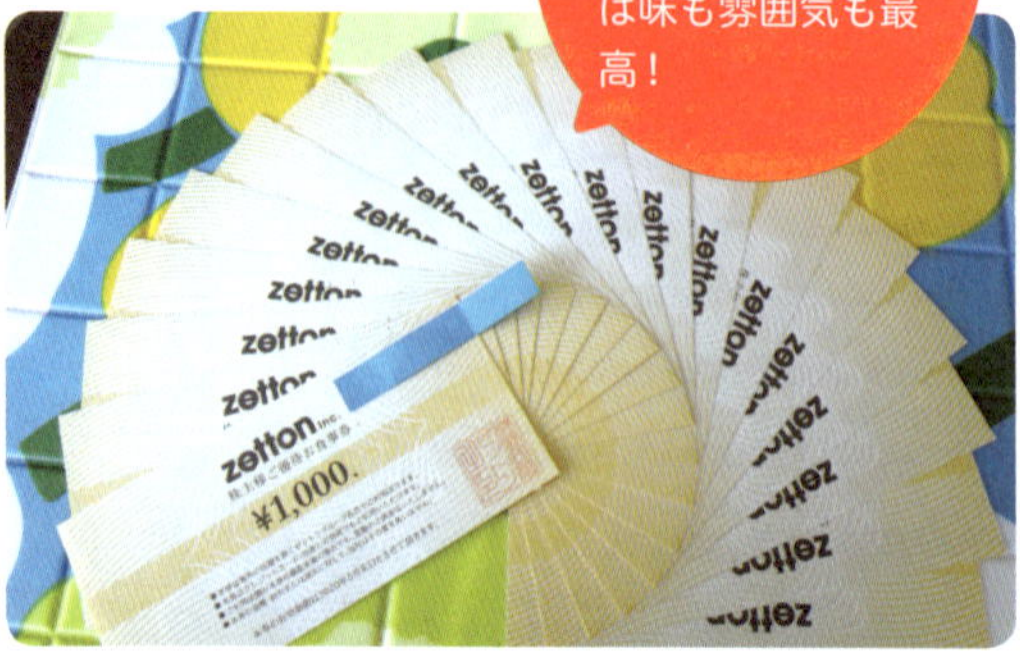

食事優待券で食事をした「ガーデンレストラン徳川園」は味も雰囲気も最高！

権利月 2月 **優待内容** 食事優待券を100株以上で3000円相当、300株以上で9000円相当、500株以上で1万8000円相当～。

ゼットンは、飲食店グループの**DDホールディングス（東1・3073）**の連結子会社で、東海や関東などで飲食店を運営しています。直近では、ゼットンの食事優待券を利用して、名古屋市内にある観光スポット「徳川園」に併設された「ガーデンレストラン徳川園」で食事をしました。料理の味も店内の雰囲気も最高でした！

mikimaru's select no.6

1個5000円もする高級メロンの味は格別

遠州トラック（JQ・9057）

1個5000円もする高級マスクメロン。顎が落ちそうになるほど甘くておいしい！

権利月 3月 **優待内容** 1000株以上で「ふくろい遠州の花火」の指定席入場券1枚または郷土産品の「マスクメロン」2個。2000株以上で入場券2枚またはメロン3個〜。

遠州トラックは**住友倉庫（東1・9303）**の子会社で、総合物流を手掛けています。こちらも主力銘柄の一つです。頂いたマスクメロンはすごく甘くて、これまで食べたメロンの中で一番のおいしさ。ネット通販の「楽天市場」で価格を調べると、1個5000円もする高級品でした。

カタログに掲載された優待がどれも極上

JFLAホールディングス(JQ・3069)

優待カタログは素晴らしい品ぞろえ。下は、取り寄せた米国産のローストビーフ

権利月 3・9月 **優待内容** カタログ掲載の中から500株以上で3000円相当1点、10000株以上で30000円相当2点か6000円相当1点〜。

JFLAホールディングスは、「牛角」などの外食事業や食品・酒類の製造・販売などを手掛けています。同社の優待カタログに掲載されている商品はどれもハイクオリティー。カタログから選んだ調味料を使って「ホウレンソウのトリュフソースいため」を作ったり、米国産のローストビーフを取り寄せたりして楽しんでいます。

焼き肉にラーメン、外食の王道を楽しめます

物語コーポレーション（東1・3097）

権利月 6・12月 **優待内容** 食事優待券。100株以上で2500円相当、300株以上で5000円相当、600株以上で1万円相当～。

物語コーポレーションの食事優待券。株主優待で食べる焼き肉やラーメンは格別！

物語コーポレーションは、「焼き肉きんぐ」や「丸源ラーメン」などを展開する外食チェーン。食事優待券で食べる焼き肉、ラーメン、しゃぶしゃぶはやはり最高ですね。

投資家として利益を上げるには心身共に健康であることが大事。私はたくさんの野菜やキムチを常に手元に置きながら、ヘルシーに焼き肉を楽しんでいます（笑）。

mikimaru's select no.9

高品質のトイレットペーパーが大量に届く

特種東海製紙（東1・3708）

ecology
イレットペーパー
ダブル
株主優待品
高品質のトイレットペーパーが大量に届くので、実用的で助かります！

権利月 3・9月 **優待内容** 3月は、100株以上で1000円相当の図書カード。3年継続保有で「タウパー・ポップペーパー」、トイレットペーパーから1点選択〜。9月は特製カレンダー。

特種東海製紙は、特種製紙と東海パルプが経営統合して誕生した独立系の製紙会社です。100株以上で3年以上継続保有しているか、300株以上で3年未満保有でもトイレットペーパーかキッチンペーパーがもらえます。山ほど送られてくるので重宝しています！

北海道の大自然が育んだミネラルウオーター

ロジネットジャパン（札証・9027）

権利月 3月 **優待内容** 100株以上で自社商品のミネラルウオーター「北海道大雪山ゆきのみず」550ミリリットル24本。

ロジネットジャパンは、北海道を中心に関東・関西などで総合物流を展開する札幌通運と、関東を中心に鉄道コンテナ輸送を展開する中央通運が統合して発足した共同持ち株会社。これも現在の主力株の一つです。優待品として大量に届くミネラルウオーターの「ゆきのみず」は、とてもおいしいです。私はいつも筋肉トレーニングの時にゴクゴク飲んでいます。

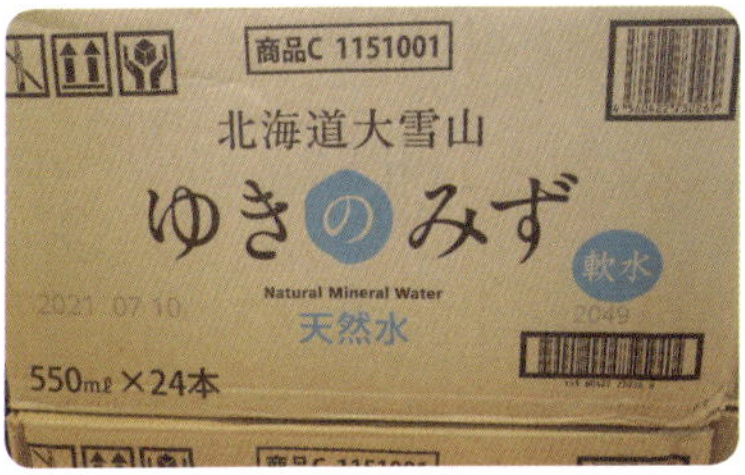

私をいつも鼓舞してくれる投機の教科書

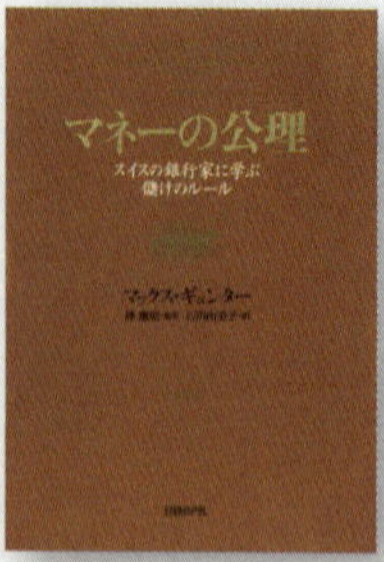

マネーの公理

マックス・ギュンター著／
日経BP ／ 1760円

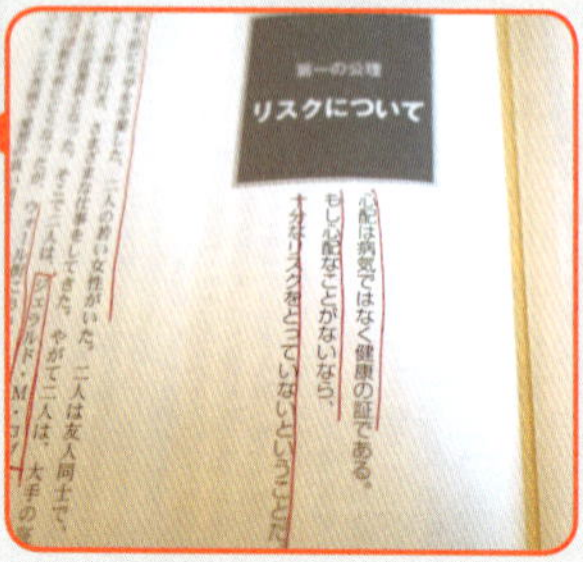

私は、投資ではなく投機の教科書であるこの本から、集中投資の必要性と分散投資の危険性を学びました。

「システムを打ち負かす唯一の方法は、勝負に出ることだ。心配になるような金額を賭けるのだ」。ギュンターの簡潔で熱のこもったメッセージの数々は、大勝負に出て不安から眠れない夜を何度も過ごしてきた私を支えてくれました。

この本がなければ、私は投資家として勝ち残れなかったと言っても過言ではありません。私にとって最も大切な蔵書です。

mikimaru's select no.2

読み返すたびに新しい発見がある神本

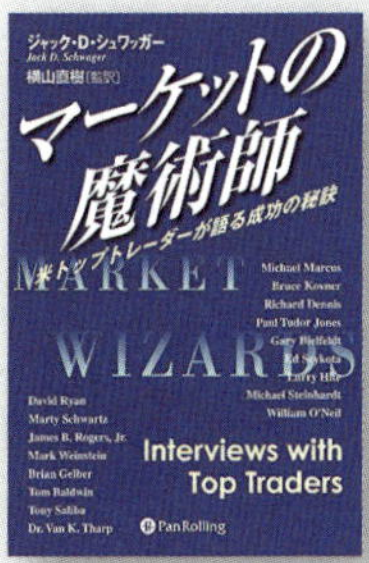

マーケットの魔術師

ジャック・D・シュワッガー著／パンローリング／3080円

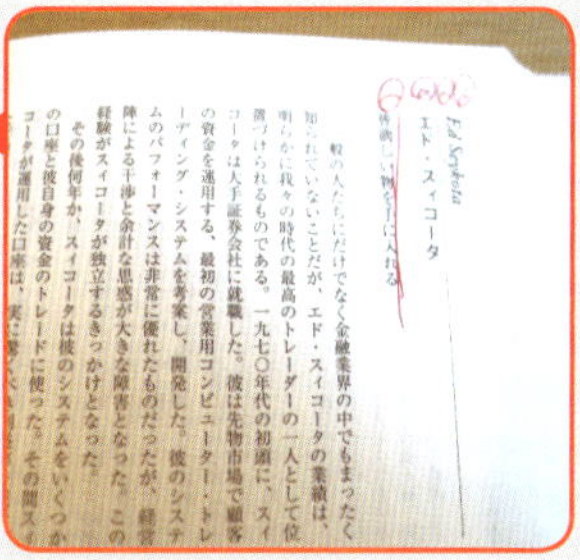

トップトレーダーたちの珠玉のインタビュー集。本書の原著の初版が米国で刊行されたのは1989年。30年たっても色あせない名著です。同じ著者が書いた「マーケットの魔術師」シリーズは傑作ぞろいですが、全4冊の中で1作目の本書を最高とする人が多いのは、投資の「普遍的な真理」がちりばめられているからでしょう。

凡庸な投資家だった著者がインタビューを重ねて成長する過程を追体験できるのも特色。読むたびに新しい発見があり、一生読み返すことになると思います。

mikimaru's select no.3

実践書としては「魔術師」シリーズで最高

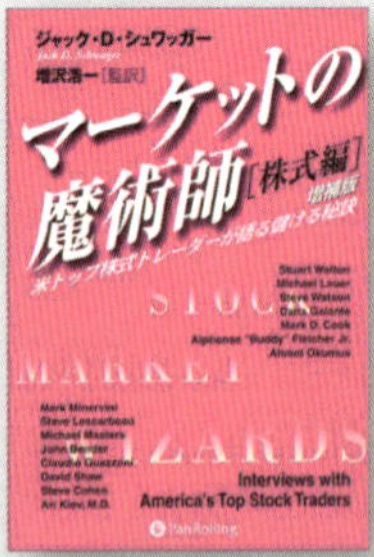

マーケットの魔術師［株式編］

ジャック・D・シュワッガー著／パンローリング／3080円

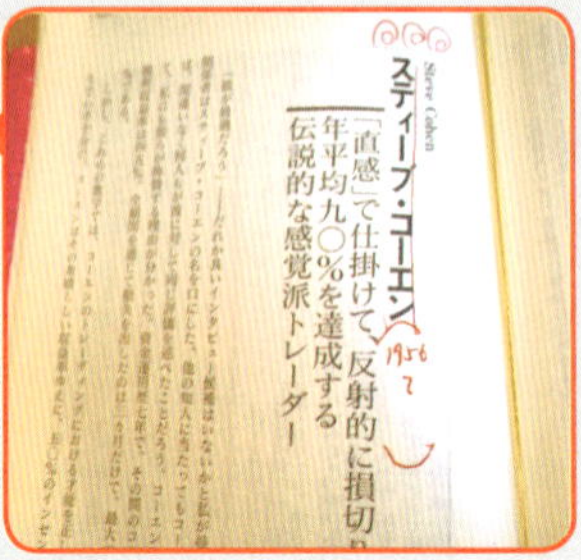

「マーケットの魔術師」シリーズの中で実用性が最も高いのが、「桃本」と呼ばれる3作目の本書です。実践にすぐ役立つアドバイスであふれています。

　私はこの本から、投資家にとって最も大切な能力は、相場の変化に応じて投資の姿勢や戦略を自在に変えていく柔軟性であることを学びました。登場する投資家たちのその後を聞いたフォローアップインタビューも掲載されていて、「極上の推理小説」としても読めます。字体も大きくて文章も軽妙で読みやすいのも特徴です。

mikimaru's select no.4

マーケットの新たな知見が満載の宝石箱

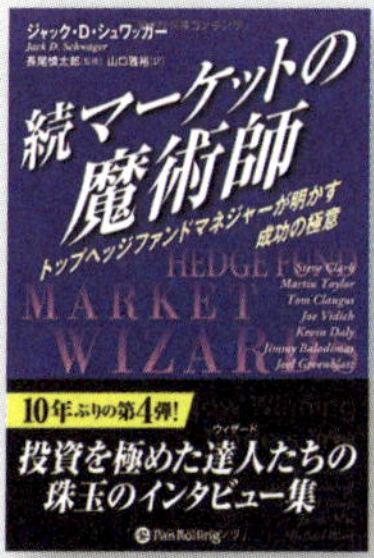

続マーケットの魔術師

ジャック・D・シュワッガー著／パンローリング／3080円

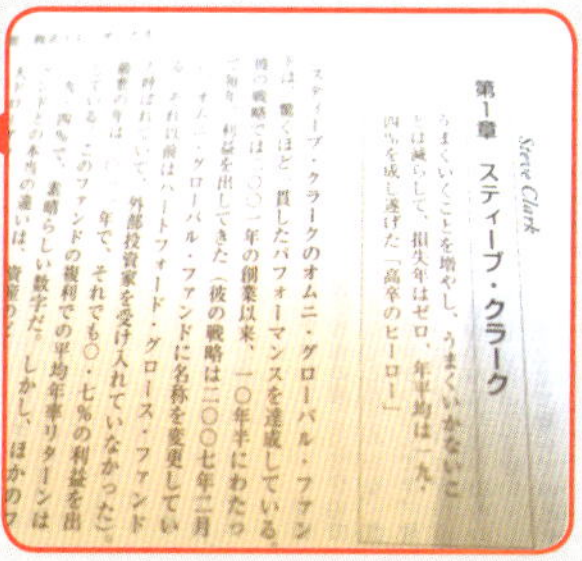

「マーケットの魔術師」シリーズの4作目。2012年に刊行された本書には、マーケットの進化を反映した新たな知見が宝石箱のようにちりばめられています。

最も印象に残ったのは、高卒ながらトレードで驚異的な成績を上げてきたスティーブ・クラークのインタビュー。「いったん自分独自の手法があると分かったら、それを微調整できる」という一節を目にして、優待バリュー（割安）株投資という独自の投資法を実践し続けてきたことは間違いではなかったと確信を持ちました。

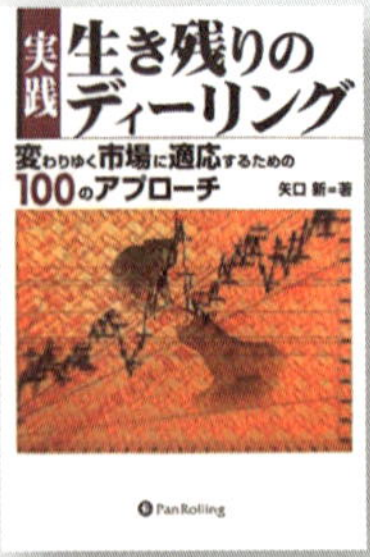

実践 生き残りのディーリング

矢口新著／
パンローリング／ 3080円

損切りの重要性に気付かせてくれた名著

「損をこまめに切ることにより、いつも偏らない相場観、冷静な判断力を持ち続けることができる」

本書を読んで、損切りの重要性と値下がりする銘柄を買い下がるナンピン買いの危険性を初めて理解しました。大敗を繰り返して大きな痛手を負っていた私は本書を読み返し、損切りを徹底するようにしました。その結果、世界最弱と呼ばれる日本の株式市場で生き残っています。1位の『マネーの公理』と共に、私を投資家として大きく成長させてくれた一冊です。

mikimaru's select no.6

私に新たな武器を授けてくれた教本

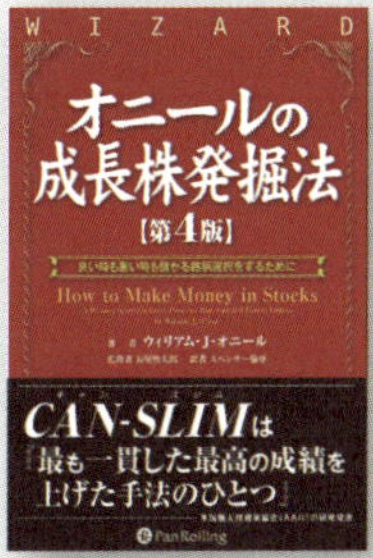

オニールの成長株発掘法【第4版】

ウィリアム・J・オニール著／パンローリング／4180円

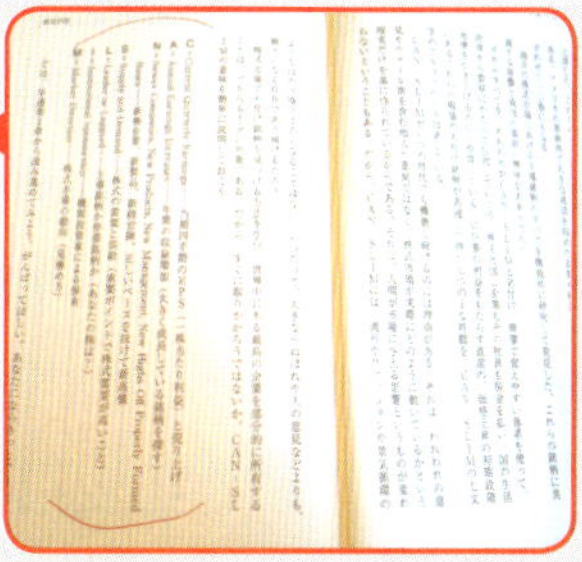

相場のモメンタム（勢い）を追い風にして上昇傾向にある銘柄を買い、上昇が続く限りは持ち続ける。このモメンタム投資を確立した米国の大投資家ウィリアム・オニールが、「CAN《キャン》－SLIM《スリム》法」と名付けた自身の投資法を解説しています。

バリュー（割安）株投資一本足で壁に当たった私は、本書を読んで、CAN－SLIM法には普遍性があると確信。それをアレンジして、割高でも成長性のある優待株を売買する優待グロース（成長）株投資を編み出し、投資家としての幅を広げました。

バリュー株投資の神髄が一冊で学べる

バリュー投資アイデアマニュアル

ジョン・ミハルジェビック著／パンローリング／3080円

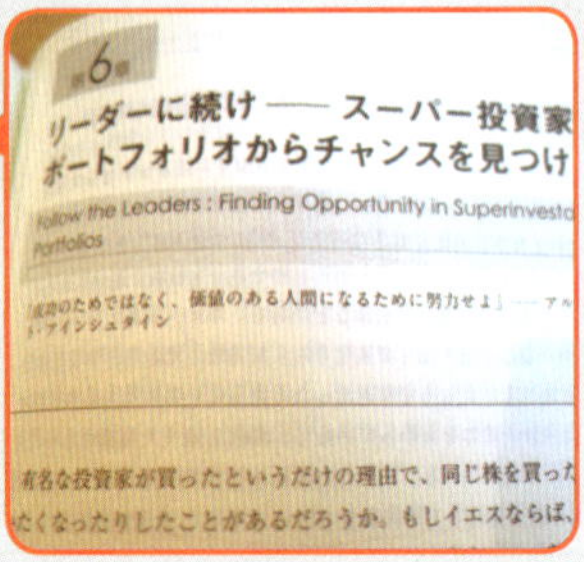

これ一冊でバリュー（割安）株投資の神髄を学べるというとっておきの投資指南書です。100人を超えるトップファンドマネジャーのインタビューを基に執筆。ベンジャミン・グレアムやウォーレン・バフェットをはじめ、世界中のバリュー株投資家の考えや手法を体系化して解説しています。

読了後、「この本はヤバい」と最初に思いました。私が秘密にしておきたかったバリュー株投資のエッジ（優位性）の源泉が分かりやすく解説されているからです。バリュー株投資を志す人には必読書です。

モメンタム投資の教科書の決定版

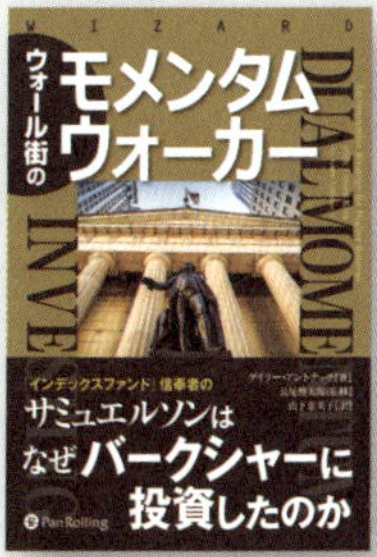

ウォール街のモメンタムウォーカー

ゲイリー・アントナッチ著／パンローリング／5280円

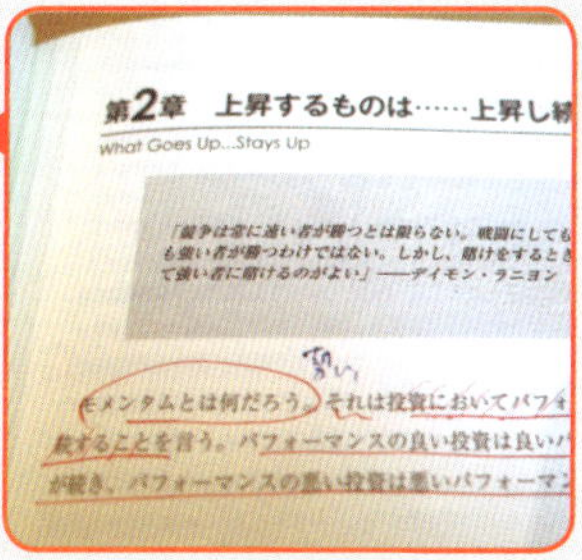

本書は、米国でも研究が立ち遅れて明らかにされていなかったモメンタム投資の有効性を、膨大な量の論文と文献を基にあまねく解き明かした歴史的な傑作です。

モメンタム投資の有効性を豊富なエビデンス（証拠）で実証。さらに、米国の大投資家、ジェシー・リバモア、ウィリアム・オニール、ニコラス・ダーバスなど、過去にモメンタム投資を手掛けて成功した投資家の実例を紹介し、実践の仕方も詳しく解説しています。モメンタム投資の実践的な入門書としてお薦めです。

モメンタム投資の優位性を証明した傑作

**ウォール街の
モメンタムウォーカー
個別銘柄編**

ウェスリー・R・グレイ、
ジョン・R・ボーゲル著／
パンローリング／4180円

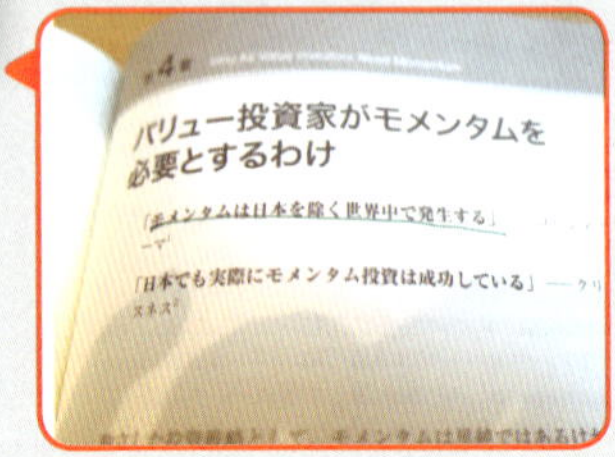

「この本は、現時点で私の投資家としての明確なエッジ（優位性）につながる神本だ。できれば誰にも紹介したくない。秘密にしておきたい」

こう考えてブログで書評を書くのをためらったのが本書です。特筆すべきは、モメンタム投資のパフォーマンス（運用成績）が、バリュー（割安）株投資、グロース（成長）株投資、インデックス投資のいずれをも上回っていることを、データを示して実証した点です。これは、私がモメンタム投資の要素を取り入れる論拠にもなりました。

mikimaru's select no.10

投資の本質を学べるデイトレのバイブル

デイトレード

オリバー・ベレス、
グレッグ・カプラ著／
日経BP ／ 2420円

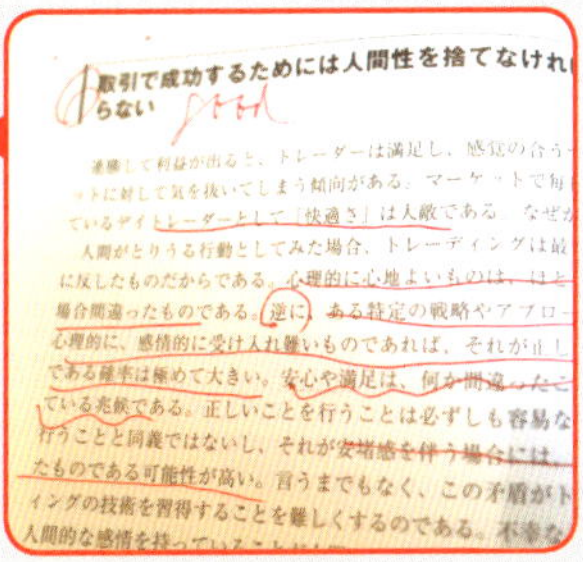

取引で成功するためには人間性を捨てなければならない

連勝して利益が出ると、トレーダーは満足し、感覚の合う
ットに対して気を抜いてしまう傾向がある。マーケットで毎
ているデイトレーダーとして「快適さ」は大敵である。なぜ
人間がとりうる行動としてみた場合、トレーディングは
に反したものだからである。心理的に心地よいものは、
場合間違ったものである。逆に、ある特定の戦略やアプロー
心理的に、感情的に受け入れ難いものであれば、それが正し
である確率は極めて大きい。安心や満足は、何か間違ったこ
ている兆候である。正しいことを行うことは必ずしも容易な
行うことと同義ではないし、それが安堵感を伴う場合には、
たものである可能性が高い。言うまでもなく、この矛盾がト
イングの技術を習得することを難しくするのである。

デイトレーダーや個別株を短期売買して値幅取りを狙うスイングトレーダーにバイブルとして読まれている名著です。私は中長期投資なので、短期トレードの本をなるべく避けており、評判の高さから手にした本書も警戒しながら読みました。

中身は、原著の全訳ではなく、デイトレーダーとしての心構えを説いたパートの部分訳。損切りの重要性など、どの投資法にも通じる株式投資の普遍的な考え方や心構えが説かれており、全ての投資家にとって有益な内容になっています。

おわりに

私は約20年前に初めて株式投資の世界に足を踏み入れました。そのきっかけは、マネー雑誌の株主優待特集で吉野家（現在は**吉野家ホールディングス＝東1・9861**）の株主優待の記事を読んだことでした。

「株を買えば、抜群においしい吉牛の優待券が年に2回ももらえて、さらに配当まで手に入る。信じられない！　世の中にはこんなにうまい話があったのか！」と、腰を抜かすほど驚いたのです。

私の父親は根っからのギャンブル好きでした。座右の銘は「一獲千金」。母親に怒られてパチンコと競馬をやめてからも、亡くなる寸前までこっそりと数字選択式宝くじの「ロト6」を買い続けていました。そして、その血をダイレクトに受け継いだ私も、20年前までは「スクラッチ式の宝くじ」にはまっていて、給料をもらうと最初に宝くじの売り場に駆け付けるという生活を送っていました。頭の奥底では「どんなにスクラッチを削ってもお金持ちにはなれない」と薄々分かっていたのですが、当時の自分にはそれ以外に人生を逆転させる手段が思い付かなかったのです。

そんなある日に本屋さんで偶然立ち読みした「吉野家の株主優待券」の記事は、「空から金塊が降ってきた」ような衝撃でした。興奮して自転車で全力疾走しながら、次のように決意したのを今でも鮮明に覚えています。

「よし、自分の未来はきっと株式投資の世界にある。報われない宝くじなんか、もう今日で金輪際やめよう。これから猛勉強して株で儲けて、いつか資産1億円を達成する。そして目標を達成したら、派手な色の『ポルシェ 911』を買って乗り回し、ブイブイ言わそう」

しかし、鼻息を荒くして飛び込んだ株式投資の世界は、「山あり、谷あり、地獄あり」のすさまじいところでした。最高峰の知力、どう猛な経済力、揺れ動く人間心理、様々なものが大金を賭けてぶつかり合う「世界最大のグレートゲーム」がそこには存在していました。私は無我夢中で向き合い、やがて自らの能力と性格にジャストフィットした「優待バリュー株投資」を編み出し、ピカピカに磨き上げたその竹やり一本で戦い抜いてきました。

この20年間で私の金融資産は大きく増えました。ですが、派手な色のポルシェ911はいまだに買っていません。米国の富裕層研究の第一人者であるトマス・J・スタンリーとウィリアム・D・ダンコのタッグが書いた名著『となりの億万長者』（早川書房）を読んで、「本当のお金持ちは車にお金をかけたりしない」という指摘を目にして、グッと思いとどまったということもあります（笑）。しかしそれ以上に、「株式市場で長く生き残り、資金量をできる限り増やして、少しでも精度の高い、戦い方の引き出しの多い、タフで良い投資家になりたい」という気持ちがどんどん強くなったからです。

「ポルシェを買うお金があったら、それで株を買おう」ついこう考えてしまって、買うタイミングを逸してきました。それだけ「株式投資は面白い」ということなんですね。

さて、「株式投資に巡り合ってよかった」と思うことはたくさんありますが、その中でも特に大きな感慨を2つ挙げましょう。

1つ目は、何と言っても経済的に豊かになったことです。今の自分は配当と優待だけで既に普通に暮らしていけるだけの状態にあります。そして、真の意味で「経済的な自由」を手に入れたことによって、以前に比べて心がとても穏やかになりました。

2つ目は毎日の生活が彩り豊かになったことです。年中優待品が途切れなく届くので楽しいという物理的な側面もあります。ですが、それだけにとどまりません。例えばショッピングセンターに行っても、もっと言えばただ街を歩いているだけでも、自分の周りは「投資先もしくは投資候補の企業」にあふれています。観察するだけで楽しいし、常に知的好奇心が刺激されて、頭がクルクルと回転しています。株式投資のおかげで、「何気ないありふれた日常」が「スペシャルな毎日」に変貌したのです。

これで私のお話はおしまいです。株式市場には巨大な夢があります。読者のあなたにも、ぜひ株式投資を通して「大きな夢」を目指してほしいと思います。本書がその一助になれば幸いです。

2019年11月

みきまる

本書は『日経マネー』の2018年8月号～19年11月号に掲載した連載「みきまるさんの優待バリュー株投資入門」を加筆・再編集し、書き下ろしの新たなコンテンツを追加してまとめたものです。株価チャートやグラフは原則として19年10月18日時点のものに更新していますが、誌面掲載当時のものが一部含まれますことをご了承ください。本書は投資に当たっての参考情報を提供するものです。投資判断は自己責任でお願い致します。

profile

みきまる（ハンドルネーム）

兼業投資家。2000年に株式投資を開始。株主優待の付いた割安な銘柄を中長期で保有する「優待バリュー株投資」を実践し、数億円の資産を築く。ブログ「みきまるの優待バリュー株日誌」が、優待族のバイブルとして大人気。著書に『爆笑コミックエッセイ 株主優待だけで優雅な生活』『まんがでわかる 株主優待だけでもっと優雅な生活』（ともに共著、宝島社）、『みきまるの【書籍版】株式投資本オールタイムベスト 独学で学びたい読者のための35冊（現代の錬金術師シリーズ）』（パンローリング）などがある。

ブログ 「みきまるの優待バリュー株日誌」
https://plaza.rakuten.co.jp/mikimaru71/

ツイッター 「みきまるファンド」
@mikimarufund

楽しみながらがっちり儲かる

優待バリュー株投資入門

2019年11月18日　第1版第1刷発行

著者　みきまる

編集　中野目純一

発行者　大口克人

発行　日経BP

発売　日経BPマーケティング
〒105-8308 東京都港区虎ノ門4-3-12

カバーデザイン　小川絢子（エステム）

本文デザイン　桐山恵（エステム）

印刷・製本　図書印刷株式会社

本書に関するお問い合わせ、ご連絡は下記にて承ります。
https://nkbp.jp/booksQA

ISBN978-4-296-10440-6